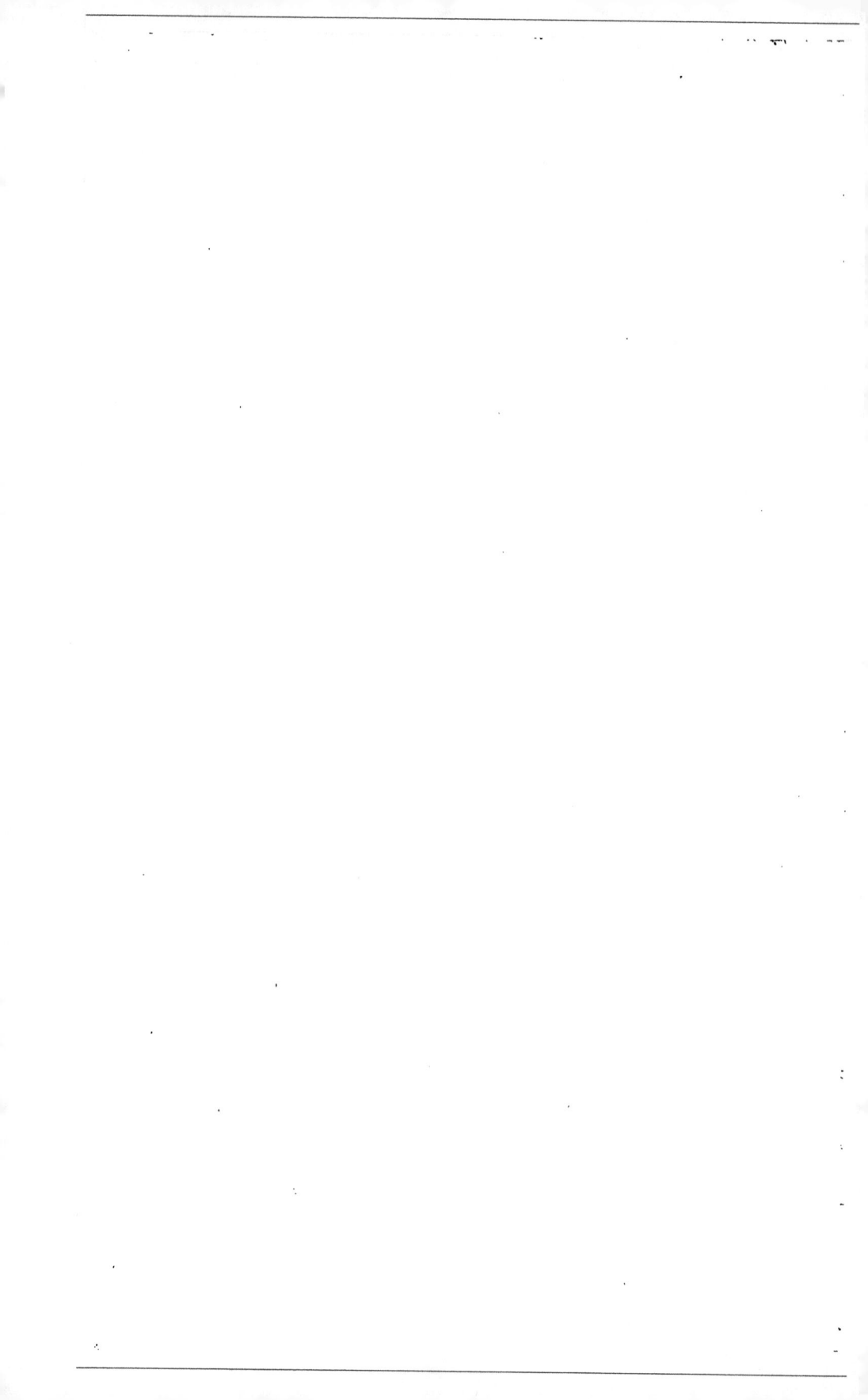

BAYONNE

ET

SAINT-ESPRIT

BAYONNE. — Imp. E. LASSERRE,
ruc Orbe, 20.

BAYONNE

ET

SAINT-ESPRIT

ÉTUDE HISTORIQUE

Par le Baron BIGNON

RÉDACTEUR DU MESSAGER DE BAYONNE

SE VEND

A BAYONNE,	A PARIS,
aux Bureaux du MESSAGER,	AMYOT, libraire-éditeur,
et chez tous les libraires.	rue de la Paix, 8.

MDCCCLVI

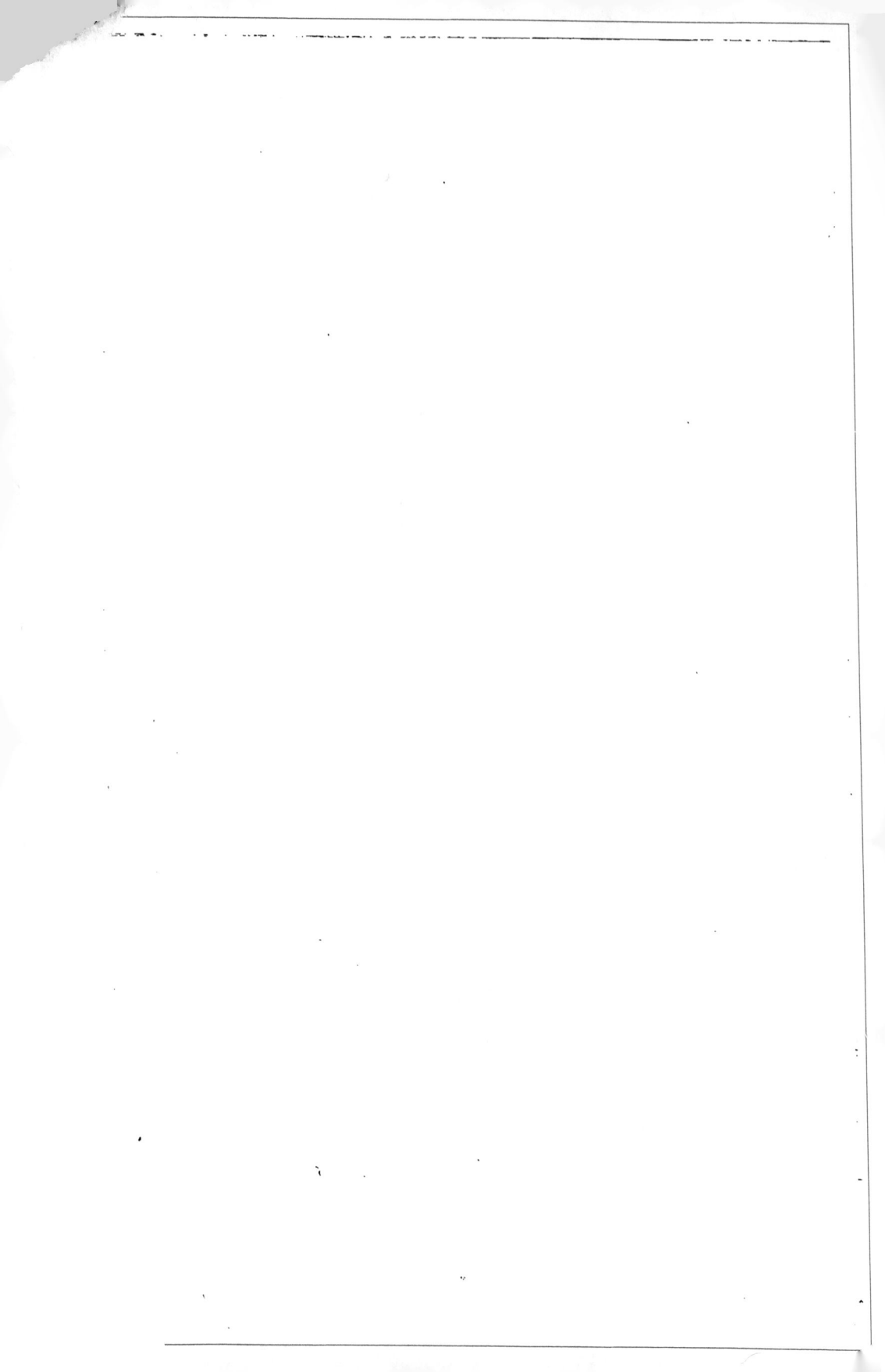

BAYONNE

ET

SAINT-ESPRIT

I

La question relative à la réunion de Saint-
Esprit à Bayonne, soumise à une enquête
publique, a été longuement et profondément
discutée. Dans les deux départements des
Landes et des Basses-Pyrénées, tous les
corps électifs, toutes les autorités adminis-
tratives, judiciaires, ont été appelés à donner leur avis, à faire connaître leur opinion.
L'affaire aujourd'hui est complètement ins-
truite, et le gouvernement possède tous les
documents nécessaires pour prononcer en
parfaite connaissance de cause la solution
impatiemment attendue.

Notre opinion personnelle, à nous qui le

premier avons discuté publiquement et sou-
tenu de toutes nos forces la réunion des
deux villes, est connue : nous ne voulons
pas l'émettre de nouveau; nous ne voulons
pas raviver inutilement un débat clos, une
polémique terminée. L'agitation factice que
l'on avait essayé de produire est calmée;
nous ne voulons pas la ranimer.

Nous voulons aujourd'hui combler une
lacune qui nous a semblé exister dans
l'instruction de cette affaire, dans l'étude
de cette question si importante au point de
vue des destinées futures du pays.

Selon nous, les préoccupations de tous
ont été exclusivement attachées sur le présent; une faible attention a été donnée à
l'avenir, et le passé a été complètement
négligé. L'histoire pouvait, en cette circonstance, fournir d'utiles indications, éclairer
les points controversés.

Ce que d'autres, plus capables que nous,
n'ont pas fait, nous avons essayé de l'accomplir. Guidé par les conseils d'un ami dont la
modestie exagérée égale les connaissances
aussi variées que solides, nous avons pu facilement trouver dans les archives de Bayonne
tous les documents se rapportant à l'étude que

nous avons entreprise: tous les manuscrits que nous voulions consulter nous ont été apportés, ouverts au passage cherché. Notre tâche s'est bornée à classer, à coordonner les nombreux et riches matériaux qui nous étaient fournis.

Nous avons posé aux générations écoulées la question que le gouvernement vient de faire à la génération présente.

Notre travail n'est que la réponse fournie par les documents historiques, que tous peuvent vérifier dans nos archives. Nous l'avons écrit avec le calme et l'impartialité qui doivent inspirer tout narrateur qui veut être loyal et fidèle; notre unique préoccupation a été d'être clair, méthodique et concis.

II

Il faut remonter jusqu'au 13.ᵉ siècle pour
trouver la trace du premier trouble qu'ait
éprouvé la ville de Bayonne dans ses droits
de propriété et de juridiction sur le territoire de Saint-Esprit.

On sait qu'à la suite des démêlés qui eurent
lieu entre Philippe-le-Bel et Edouard I.ᵉʳ, la
Guyenne, qui appartenait à l'Anglais, fut con-
fisquée en vertu d'un arrêt de la cour des
pairs (1292). Raoul de Clermont, sire de Nesle
et connétable de France, reçut l'ordre de se
saisir des places fortes de ce duché, et la ville
de Bayonne ouvrit ses portes à des officiers
français.

Profitant avec habileté de la confusion que
cet événement avait dû jeter dans les esprits,
les habitants de Gosse et de Seignanx essayèrent de briser les liens séculaires qui unissaient à Bayonne, à la cité-mère, son faubourg
de Saint-Esprit. Les bourgeois de Bayonne
résistèrent par les voies légales; ce n'était pas

leur constante habitude, on ne le verra que
trop dans la suite de ce récit ; mais la modéra-
tion dont ils firent preuve en cette circonstance
nous est un sûr indice qu'ils ne doutaient pas
de la bonté de leur cause.

Sur leur requête, le mercredi qui suivit la
fête de Pâques de l'année 1294, Jean de Bur-
lach, chevalier maître des arbalêtriers du roi
de France et sénéchal de Gascogne, donna
commission à noble homme Raymond-Bernard
de Durfort, aussi chevalier, maire gouverneur
de Bayonne, de faire une enquête sur les prétentions des habitants de Gosse et de Seignanx,
de vérifier les titres, d'entendre les témoins, et
de terminer le procès par une sentence définitive.

Voici textuellement l'une des questions soumises à la décision du juge :

« *Item, et super eo, ut dicunt, ut omnes ha-*
« *bitantes in capite pontis Baionæ, et eorum do-*
« *mus sunt de juridictione dictorum majoris et*
« *juratorum Baionæ* SICUT CÆTERI HABITANTES
« IN CIVITATE BAIONÆ.

« Si ceux qui habitent à la tête du pont
« de Bayonne sont, personnes et immeubles,
« soumis à la juridiction du maire et des ju-
« rats de Bayonne, COMME CEUX QUI HABITENT
« DANS L'ENCEINTE MÊME DE LA CITÉ. »

Le gouverneur Durfort se hâta d'accomplir sa mission, et donna sur tous les points gain de cause aux bourgeois de Bayonne, qu'il maintint dans leurs droits de propriété et de juridiction sur le territoire de Saint-Esprit attendu, dit-il dans un des considérants de la sentence, que « la ville de Bayonne prouve « suffisamment son droit non-seulement par « ses registres judiciaires et les témoins dignes « de foi entendus dans l'enquête, mais encore « par la production d'un privilége de Ri-« chard, fils de Henri, jadis roi d'Angleterre, « comte de Poitou et duc de Guyenne » (Richard Cœur-de-Lion, 1170).

La sentence que nous venons de mentionner est datée de Saint-Esprit, — *data fuit apud Sanctum Spiritum, in capite pontis Baionœ.*

Pour être complètement exact, il nous faut ajouter que les gens de Gosse et de Seignanx se laissèrent condamner par défaut. On les condamna sans les entendre, pensera-t-on; non! leur procès était détestable: ils ne songèrent pas sérieusement à le soutenir en justice ; et la preuve, c'est que le duché de Guyenne ne tarda pas à se soustraire à la domination française, qu'avec les Anglais les choses reprirent leur cours régulier, et que les gens de Gosse et de Seignanx ne relevèrent plus, pendant les 150 ans que dura encore l'occupation anglaise, leur triste prétention de morcellement.

Arrivons à la période la plus douloureuse peut-être de notre histoire locale.

La ville de Bayonne, suivant l'énergique expression du vainqueur lui-même, venait, « par puissance de siége, d'être remise et ré- « duite en l'obéissance du roi de France » (Charles VII, 1451). Un malheur plus grand que la conquête l'avait presque en même temps frappée au cœur : le beau fleuve qui pendant près de trois siècles l'avait faite riche et libre, refoulé dans un jour de tempête, et fermé à sa vieille embouchure par les sables mouvants de la côte de Gascogne, s'était frayé, à travers mille obstacles, une nouvelle issue vers le nord ; mais le port de Bayonne était perdu !

Au milieu de tant de douleurs, on annonce l'arrivée de Louis XI.

La peinture de six bâtons pour le dais royal, quelques banderolles flottantes, la mise en toilette de l'embarcation *(corau)* sur la- quelle S. M. traversa l'Adour pour venir de Saint-Esprit à Bayonne : telles furent les dé- penses de la fête, qui, tout compte fait, s'éle- vèrent à six écus.

On peut se faire une idée du triste spectacle que la ville offrait en ce moment par la
peinture qu'en a tracée Louis XI lui-même,
dans une lettre-patente :

« Et tant à cette cause que pour les
« grands charges que elle (la ville de Ba-
« yonne) a à supporter, comme pour les
« guerres qui y ont eu cours le temps passé,
« mortalité, pestilences et autres fortunes qui
« y sont survenues, la marchandise qui y
« souloit avoir grands cours tant par mer que
« par terre, et par le moyen de laquelle y af-
« fluyoient plusieurs marchands de diverses
« nations qui y amenoient grande quantité
« de marchandise dont le peuple et les mar-
« chands d'icelle amendoient en plusieurs et
« diverses manières, y est dès longtemps as-
« secée et cheue en discontinuation, et par ce
« est tournée la dite ville et les habitants en
« icelle en grande pouvreté, grand partie
« des maisons et habitants d'icelle tombées
« cheues en ruyne, et est en voie de encores
« plus faire et venir si notre grâce ne leur est
« sur ce impartie. . . . »

Le roi chercha à tirer de la misère les pauvres bourgeois qui lui tendaient les mains ; il
les consola, essaya de relever leur courage,

et leur accorda ou plutôt leur restitua plusieurs beaux priviléges qui jadis avaient aidé à leur prospérité.

En même temps, il prenait plaisir à écouter le récit des épisodes du siége de 1451, dont le souvenir était encore vivant dans toutes les mémoires; les brillants corps de bataille des comtes de Foix, de Dunois et du sire d'Albret; les assauts furieux, surtout l'apparition miraculeuse dans un ciel bleu, sans nuages, de cette croix blanche qui avait décidé les assiégés à se soumettre. Personne n'ignore combien Louis XI était enclin au merveilleux; l'apparition de la croix blanche, dont parlent du reste plusieurs historiens du temps, avait fait sur son esprit la plus vive impression. Par ses ordres, cet évènement fut soumis au contrôle de la recherche judiciaire; une enquête s'ouvrit à Saint-Esprit, et on entendit de nombreux témoins qui tous attestèrent, sous la foi du serment, la vérité du miracle : qui pouvait dès-lors en douter?

Tel fut le motif, telle fut l'occasion des abondantes faveurs qui comblèrent les hospitaliers de Saint-Jean à Saint-Esprit, et spécialement de la fondation de la collégiale que ce monarque institua plus tard dans ce même quartier.

Les libéralités royales prodiguées au faubourg de Saint-Esprit en faisaient une proie désirable. Ce quartier d'ailleurs avait pris, depuis la réunion de Bayonne à la couronne de France, un certain accroissement; il s'y était créé un centre d'intérêts d'une importance sans doute fort restreinte, mais qui avait sa raison d'être dans la difficulté des communications. Le pont sur l'Adour, qui rattachait ce faubourg à la cité, avait été rompu pendant les opérations du dernier siége, et comme la misère profonde où nous les avons vus plongés n'avait point permis aux Bayonnais de le rétablir, les liens qui unissaient en une même famille les populations des deux rives s'étaient quelque peu relâchés. Aussi, reprenant avec une audace que favorisait singulièrement la faiblesse de ses adversaires, des prétentions que la justice avait jadis condamnées, le sire d'Albret, l'un des victorieux du siége de 1451, fit, en sa qualité de baron de Seignanx, acte de possession sur le territoire de Saint-Esprit. Ceci se passait peu de temps après le départ de Louis XI.

Bayonne répondit sur-le-champ au défi. « Le mercredi 28 mars 1464, Michelot Da-

« guerre, sergent de monseigneur le maire
« de Bayonne, reçut l'ordre de se transpor-
« ter à la vigne de Saubadon de Ségure et au
« verger de Menjouin d'Irube, *voisins*, dit l'acte
« que nous mentionnons, *de la cité de Bayonne*
« *au territoire de Saint-Esprit et juridiction de*
« *ladite cité*, pour y rompre certains bancs pla-
« cés par monseigneur le bâtard d'Albret, le-
« quel a prétendu agir comme lieutenant
« de monseigneur d'Albret et au nom du
« bailli de Seignanx. »

La commission fut exécutée sans difficulté, en présence de témoins, et nous avons
tout lieu de croire que l'affaire n'eut pas
d'autres suites, car le 5 mars 1482, c'est-à-
dire 18 ans après l'exécution que nous venons de raconter, « le vénérable Pernaud
« de Lannefranque, prieur de l'hôpital de
« monseigneur Saint-Esprit, *deü cap dou*
« *pount de Bayoune*, se présenta au conseil
« des maire et jurats de Bayonne, et leur
« déclara, que, *bien qu'il soit voisin de la*
« *dite cité à cause du prieuré et hôpital de*
« *Saint-Esprit, lequel est assis dans les limi-*
« *tes de la dite cité et soumis comme tel à*
« *sa juridiction, et qu'il ait droit, comme tout*
« *autre voisin de la dite cité, de jouir et user*

« *de tous les priviléges, franchises et libertés*
« *dont usent et jouissent les autres voisins ;* ce
« nonobstant on a voulu lui faire payer les
« droits de la coutume dont sont affranchis
« les bourgeois, manants et habitants de la
« cité de Bayonne. » D'un commun accord,
le conseil déclara que la réclamation du prieur
était parfaitement fondée, et il fut affranchi
du droit de la coutume.

Ainsi, à Saint-Esprit, comme dans l'enceinte même de la cité, tout le monde pensait en 1482 que sur l'une et l'autre rive de
l'Adour les habitants ne formaient qu'une
seule et même population, qu'une seule et
même ville, soumises aux mêmes charges,
en possession des mêmes droits.

L'ambition de quelques hommes devait
rompre cette harmonieuse unité.

Nous avons vu que, dans un accès mystique de reconnaissance pour l'éclatant miracle dont les Bayonnais avaient été témoins
au siége de 1451, le roi Louis XI avait institué la collégiale de Saint-Esprit. Bâtir une
église, constituer un corps de chanoines
c'était bien ; mais ce n'était pas assez : il fallait
vivre, il fallait assurer le service divin ; le
roi fondateur assigna à l'œuvre 4,000 livres

tournois de rente, et afin d'arriver à réunir
cette somme, considérable pour le temps où
fut faite la donation, les dix chanoines obtinrent, en vertu de lettres oyales, la concession
des revenus suivants :

La prévosté de Bayonne ;

La moitié de la grande coutume de
Bayonne ;

La prévosté de Saint-Sever ;

La prévosté d'Aqs ;

La nasse et pêcherie de la ville d'Aqs ;

La disme royale de la ville de Saint-Macaire ;

Le revenu de foires et marchés octroyés
spécialement à Saint-Esprit ;

Enfin, comme disent les lettres d'insti-
tution : « Tout le droit de haulte justice,
« moyenne et basse, que nous avons et nous
« peut compecter et appartenir au dit bourg
« de Saint-Esprit. »

Cette incroyable donation fit jeter les hauts
cris aux villes spoliées; on peut dire sans
exagération que les revenus de Bayonne,
d'Aqs et Saint-Sever, étaient confisqués au
profit de la collégiale de Saint-Esprit.

Si les villes seules avaient été intéressées
dans la question, leur voix peut-être n'eût pas

trouvé d'écho : que pouvaient de pauvres bourgeois perdus à l'extrémité du royaume, hier
des ennemis, aujourd'hui des vaincus? Mais les
chanoines de Saint-Esprit manquèrent, en
cette occasion, de prudence; ils ne prirent pas
garde qu'en s'emparant des revenus des villes
voisines, ils tarissaient à leur source les trai-
tements d'un grand nombre d'officiers du roi ;
or ceux-ci pouvaient et devaient énergique-
ment se défendre. C'est ce qu'ils firent; et le
22 juin 1483, dix mois environ avant sa mort,
Louis XI expédia une lettre de révocation dont
voici quelques extraits :

« Loys, par la grâce de Dieu..... comme puis
« naguère pour la très-grande et fervente dé-
« votion que avons toujours eue et avons à
« l'église et prieuré de Saint-Esprit lès notre
« ville de Bayonne, nous avons, en l'hon-
« neur et révérence dudit monseigneur Saint-
« Esprit et pour les causes contenues ès-let-
« tres de fondation sur ce faites, fondé et
« institué en la dite église unq bel et nota-
« ble collége de gens d'église, auquel y a
« doyen, chantre, sacristain, chanoines et
« autres gens d'église faisant et représentant
« le corps d'un chapitre. »

Suit l'énumération des concessions qu'il
leur a faites.

..... « Et comme avons été advertis que les
« membres, parts et portions de notre domaine
« ci-dessus déclarés ne valaient la dite somme
« de 4,000 livres tournois de rente, et aussi
« que sur les revenus d'iceulx membres se
« payent les gaiges de plusieurs de nos offi-
« ciers ordinaires dudit pays..... »

Voila le motif vrai !

Le roi reprend en entier sa donation, et, procédant à nouveau, fait au chapitre la concession
définitive de :

« 1.º La disme royale de Saint-Macaire ;

« 2.º Le revenu des foires et marchés de
« Saint-Esprit ;

« 3.º Le droit de justice haulte, basse,
« et moyenne sur le dit bourg. »

Ces divers droits ne pouvant produire que
cent livres de revenu, le complément devait
être pris sur la *traite* de la ville et cité de Bordeaux.

D'Aqs et Saint-Sever, d'Aqs surtout, l'échap-
paient belle ; mais Bayonne n'avait pas eu le
même bonheur.

Louis XI meurt. Le moment est opportun
pour obtenir justice : c'est l'aurore d'un règne
plein de promesses. Anne de Beaujeu fait
appel à la nation. Les députés de Bayonne

courent adresser leurs doléances à la régente, et l'on dirait qu'ils ont presque touché au succès. Nos archives possèdent des lettres-patentes de Charles VIII du 22 mars 1484 adressées au sénéchal des Lannes et au prévôt de Bayonne. Ordre est donné à ces deux magistrats de faire une enquête pour véri-fier « si de toute ancienneté la ville de « Bayonne n'a pas exercé la justice haulte, « basse et moyenne, tant en ville qu'aux « bourgs de Saint-Esprit, Tarride, Saint-« Léon et Urrusague, et, le fait étant cons-« tant, de remettre les choses en l'ancien « état. »

Qu'arriva-t-il des lettres de Charles VIII ? Elles allèrent dormir dans les cartons pou-dreux où la main pieuse d'un ami les a recueillies.

Survinrent au dehors les guerres italien-nes, à l'intérieur de la cité bayonnaise de regrettables tiraillements entre les bourgeois et le populaire ; et pendant ce temps le cha-pitre royal de Saint-Esprit créa tout à son aise sénéchal, prévôt, avocat, procureur et officiers de justice. Pendant ce temps il bâtit sa prison, éleva son pilori, dressa ses four-ches patibulaires, tous signes incontestables de son droit de justice « haulte, basse et moyenne » sur le faubourg de Saint-Esprit.

Le droit seigneurial exercé par le collége de Saint-Esprit, tant qu'il demeura circonscrit dans les limites pures de l'administration de la justice, put et dut être supporté patiemment de l'autre côté de l'Adour ; l'émolument était peu de chose, et puis le fait, la réalité consolait du droit et de l'apparence. A part la justice, tout était commun entre les deux populations : priviléges et franchises, guet et charges locales. Mais un jour les chanoines songèrent à tirer la conséquence, la conséquence rigoureuse, exacte, de la situation que Louis XI avait établie à leur profit, et la guerre commença.

Voici à quelle occasion :

Sous la domination anglaise, de 1150 à 1451, le territoire de Bayonne s'était couvert de vignes et de vergers ; c'est à peine si l'on récoltait çà et là un peu de seigle et de froment. Nos vins trouvaient en Angleterre un débouché facile et fructueux. L'annexion violente de la Guyenne à la France, l'interruption de toute relation avec les Anglais, et surtout la triste situation de notre port, en ruinant le commerce d'importation, réduisit les bour-

geois de Bayonne à prendre, dans un intérêt
de conservation, les mesures les plus éner-
giquement prohibitives contre l'introduction
des vins étrangers. On n'admit plus sur le
marché de la ville que les vins du crû, et
tout propriétaire de vignes situées en dehors
de la juridiction fut astreint à demander un
congé du maire et conseil pour introduire
chez lui les produits de sa récolte.

Ces mesures prohibitives obligeaient-elles
les habitants de Saint-Esprit? Les chanoines
de la collégiale ne le pensèrent pas, et, con-
trairement à ce qui s'était pratiqué jusqu'alors,
comme on a pu le voir par la supplique du
prieur Pernaud de Lannefranque, ils intro-
duisirent dans leurs caves ostensiblement,
sans congé du maire de Bayonne, des vins
étrangers destinés à leur provision.

A cette nouvelle, grande rumeur à Bayonne: 300 ou 400 personnes s'arment de fourches
et de bâtons, descendent à Saint-Esprit, ren-
versent pilori et fourches patibulaires, enfoncent les portes de la collégiale, et, au mépris des protestations des chanoines, poussant
ce cri d'une latinité douteuse : *Appellamus!*
Appellamus! ils courent aux caves, répandent
le vin sur la place, et repassent l'Adour,

emportant triomphalement avec eux, sous couleur de saisie, mais bien plutôt comme dépouilles opimes, vingt-une pipes de vin. Ce triste exploit eut lieu un dimanche de l'année 1499.

De là procès!

Chacun se plaint aujourd'hui de la longueur des procès; que dirait-on de ceux d'autrefois, du seizième siècle par exemple? Comme dans les drames si fort à la mode il y a quelque vingt ans, le plaideur entrait alors en scène, par un exploit introductif d'instance, la joue empourprée de jeunesse, et dès long-temps la vieillesse neigeuse avait blanchi ses cheveux quand, sous forme de sentence ou d'arrêt, le rideau tombait au dernier acte. Il y avait même des procès qui ne finissaient pas; celui des chanoines de Saint-Esprit contre la ville nous en offre le curieux spectacle.

Le premier acte de procédure de l'appel porté par la collégiale contre le maire et les jurats de Bayonne devant la cour du parlement de Bordeaux, est daté seulement de l'année 1510 : MM. les procureurs avaient passé deux lustres à fourbir les armes du combat!

La narrative, comme on disait alors en Gascogne, retrace les scènes violentes de 1499,
la *grande congrégation du peuple* au nombre
de 3 à 400 hommes, la profanation de l'église
collégiale, les chanoines maltraités, les vingt-
une pipes de vin emportées de force.

Significations d'écritures de toute sorte,
dires des appelants, réponses des intimés,
conclusions, réquisitoires, arrêt enfin! (29
Août 1517.)

L'arrêt *appointait* les parties contraires en
fait, ordonnait néanmoins que, par provision
le chapitre de Saint-Esprit jouirait du droit
de justice qui lui était contesté; finalement
nommait M. Jehan de Haulcourt, conseiller
à la cour du parlement, avec la double mission de procéder tant à l'exécution réelle de
l'arrêt de provision qu'aux opérations de l'enquête. .

Dès le mois d'octobre suivant, M. de Haulcourt était rendu sur les lieux à Saint-Esprit.

Le fait même qui avait motivé le procès,
cet acte violent de 1499, l'avocat de la ville
chercha bien à le justifier; ses arguments,
nous en convenons, ne brillèrent ni par la lo-
gique ni par la bonne foi. Mais l'intérêt du
procès n'était pas là.

Les chanoines devaient-ils être maintenus en possession de leur droit seigneurial? La volonté, le caprice d'un roi moribond, pouvaient-ils, devaient-ils prévaloir contre des droits que les siècles avaient consacrés? Telle était la question.

Noble homme Roger, seigneur de Gramont, conseiller chambellan de S. M., maire et capitaine de Bayonne, se présenta, non par procureur, mais en personne, devant le conseiller de la cour. C'était le chef de cette brillante race qui arrosa de son sang les champs de Ravennes et de Pavie, et laissa un nom si beau, si glorieux, dans l'histoire militaire et diplomatique de la vieille France. Il ne songea pas à excuser les violences dont on s'était rendu coupable en 1499; il fit bon marché des subtilités qui avaient été produites pour la défense d'intérêts qui ne le touchaient pas. C'est la donation de Louis XI qu'il attaque directement: Elle est nulle, injuste, essentiellement préjudiciable au roi et au pays; voilà sa thèse.

« Les chanoines de Saint-Esprit ont ob-
« tenu, dit-il, ce don du roi Louis XI sur la
« fin de son vieux aige par importunes in-
« ductions, et à cause des maladies dont il fut
« oppressé.

« De toute ancienneté, le dit bourg de
« Saint-Esprit et habitants ont été conti-
« nuellement de la juridiction de la ville de
« Bayonne.... Depuis l'acte de donation, les
« chanoines n'ont jamais joui paisiblement de
« leur prétendu droit de justice.... Il serait
« donc étrange que la cour du parlement
« persistât à leur en maintenir la posses-
« sion.

« De tout temps, les habitants de Saint-
« Esprit ont fait le guet à Bayonne, pour la
« sûreté de la ville, comme les autres habi-
« tants de la cité; à l'avenir (si la collégiale
« triomphe dans sa prétention) ils en seront
« exempts, le maire de Bayonne ne pouvant
« les y contraindre, puisqu'ils seront placés
« dans une autre juridiction que la sienne....
« Ce sera occasion de faire au dit bourg assem-
« blées et congrégations illicites de plusieurs
« gens étrangers vagabonds et suspects, qui
« pourront faire plusieurs mauvaises et sinis-
« tres entreprises contre la ville, pour les-
« quelles éviter le roi a fait abattre les églises
« et faubourgs des autres costés (1). Ce serait

(1) M. de Gramont veut parler des faubourgs de Saint-Léon et de Tarride, que François I.er venait de faire raser pour dégager les abords de la place. C'est

« le plus grand préjudice qui pût advenir au
« roi, en ce quartier, pour la sûreté de la dite
« ville et de tout le royaume. »

En terminant, le maire de Bayonne, avec
une hauteur qu'autorisaient son âge, les fonctions dont il était revêtu, la confiance de
trois souverains qu'il avait servis et qu'il ser-
vait encore, ajouta que : « Si la cour persistait
« dans la voie où elle s'était engagée, il
« ne prendrait plus conseil que de son
« droit, *et en écrirait au roi.* »

Roger décéda peu de temps après, et la ville
perdit en lui un de ses plus puissants défen-
seurs.

Il semblait qu'avec l'enquête de M. de Haulcourt, le procès touchait à son terme. Pas
du tout : le 13 décembre 1584, soixante-sept
ans après l'enquête, on en était encore au
même point. M. de Haulcourt était mort ;
tous ses confrères du parlement de 1517
étaient sans nul doute couchés à ses côtés,
sous la pierre du dernier repos ; François I.er,

alors que les couvents des Augustins et des Carmes,
placés celui-ci à Tarride, contre les murs extérieurs
du Château-Vieux, celui-là dans la Grand-Rue de
Saint-Léon, dont il ne reste plus trace, furent trans-
portés en ville aux lieux mêmes où la révolution les
ferma.

Henri II, François II, Charles IX, Henri III,
s'étaient succédé sur le trône de France, et
toujours la ville de Bayonne, comme les
chanoines de Saint-Esprit, couraient, à travers les interlocutoires, à la poursuite d'un
arrêt définitif.

Cependant, dans l'intervalle de 1517 à
1584, de grandes complications de fait s'é-
taient produites au sujet de Saint-Esprit.

Mettant à profit les querelles des deux voisins, et surtout l'espèce d'incertitude qui pla-
nait sur leurs droits par suite de l'arrêt de
1517, lequel, *par provision* seulement, accor-
dait aux chanoines la jouissance de la justice,
Jean d'Albret, roi de Navarre, s'était emparé
de Saint-Esprit, et y avait placé des officiers
qui administraient en son nom. On avait plai-
dé; mais très probablement l'épée du Navar-
rais avait fait pencher la balance de son côté,
car un arrêt du parlement de Bordeaux de 1560
avait maintenu les roi et reine de Navarre
en la possession provisoire de la justice civile et
criminelle du bourg de Saint-Esprit.

Toujours du provisoire!

Ce dernier épisode nous est révélé par un
rapport que fit en conseil (mars 1567) le
clerc de la ville, Duprat, Adrien d'Apre-

mont, vicomte d'Orthe, étant gouverneur de Bayonne.

Le clerc démontre « que de temps immé-
« morial la ville avait joui du territoire de
« Saint-Esprit, y faisant tous actes de justice;
« que toutefois, par arrêt de la cour du parle-
« ment de Bordeaux, rendu en 1560, les roi
« et reine de Navarre furent maintenus en la
« possession de la justice civile et criminelle,
« *avec obligation toutes fois pour les habitants*
« *de Saint-Esprit d'être asservis au guet qui se*
« *fait à Bayonne;* que cet arrêt cause le plus
« grand préjudice à la ville : les habitants de
« Saint-Esprit refusent de venir au guet, cha-
« que jour on commet vols, pilleries, excès ;
« les officiers de la reine de Navarre ne tien-
« nent pas la main à la police. *Deux cents*
« *Egyptiens se sont plantés là tout-à-coup;* des
« habitants de Bayonne y ont été insultés et
« frappés.

« En conséquence, le conseil décide que
« la dite remonstrance sera communiquée à
« M. le gouverneur, pour qu'il mette bon
« ordre à Saint-Esprit. »

Ce qui précède pourrait servir à expliquer
un trait du vicomte d'Orthe, fort extrava-
gant en soi, et que nous avions toujours con-

sidéré comme un acte marqué d'aliénation mentale. Dans une plainte que les bourgeois de Bayonne adressèrent au roi en 1573, l'un des griefs contre le vicomte est celui-ci :

« Même que s'étant essayé de se faire eslire
« doyen de vostre église collégiale de Saint-
« Esprit lès Bayonne, et que aulcuns ne l'ont
« voulu eslire, est entré en la dite église avec
« port d'armes, les menaçant de leur faire
« saulter la teste. »

La prétention était bizarre : Adrien d'Apre-mont chanoine doyen de la collégiale de Saint-Esprit! c'eût été chose fort extraordi-naire pour ceux qui ont étudié ce singulier caractère. Mais n'a-t-il pas pensé qu'en péné-trant de force dans la place ennemie, en s'em-parant du doyenné, on aurait plus facilement raison des prétentions de la collégiale, et qu'a-lors la reine de Navarre elle-même serait for-cée de capituler? Il ne faut pas oublier que nous voilà en pleine réforme, dans un mo-ment où le doute est dans toutes les cons-ciences, et la raillerie contre les prêtres ca-tholiques sur les lèvres les plus pures et les plus charmantes.

Quoi qu'il en soit, l'arrêt de 1560 avait eu pour effet de consolider à Saint-Esprit la reine de Navarre.

La ville de Bayonne, fatiguée de luttes, et sentant sa profonde impuissance à triompher d'un roi, elle qui avait succombé devant un collége de chanoines, demanda grâce à son redoutable adversaire.

Le 13 décembre 1584 fut passé un contrat de vente, à pacte de rachat pendant dix ans, de la seigneurie de Saint-Etienne-d'Arribe-Labourd et du bourg de Saint-Esprit en faveur des maire et jurats de Bayonne par Pierre de Mesmes, sieur de Ravignan, président en la cour souveraine du Béarn, au nom de Henri, roi de Navarre, duc d'Albret, et baron de Seignanx, etc. *(Nouvelle Chronique de Bayonne.)*

C'était un succès pour la ville de Bayonne ce n'était pas la victoire. Les chanoines de Saint-Esprit, si humbles, si tremblants devant les souverains du Béarn et de la Navarre, reprirent courage quand ils se trouvèrent en face d'adversaires dont ils avaient eu raison dans une première rencontre. Les lettres de Louis XI à la main, ils opposèrent aux nouveaux possesseurs le bénéfice de l'arrêt de 1517.

C'est le 23 février 1587 que l'instance est reprise. La ville se présente comme substituée aux droits du roi de Navarre, et protégée dèslors par l'arrêt de 1560, qui avait accordé possession à ce dernier contre le chapitre. Vains efforts! Les chanoines triomphent encore, et, par arrêt du 11 février 1588, ils sont remis en possession de ce droit de justice si longuement, si chèrement disputé, *attendu que Bayonne ne fesait point apparoir les droits du vendeur.*

Ce n'est pas nous qui chicanerons ce dernier arrêt. Le roi de Navarre avait vendu ce qui ne lui appartenait pas; Bayonne ne pouvait prétexter cause d'ignorance, et c'est avec raison qu'elle succomba quand, abandonnant son bon vieux droit de propriété sur le territoire de Saint-Esprit, elle se présenta dans la lice sous le masque judiciaire d'un usurpateur.

Mais ce dernier arrêt, comme les précédents, n'avait été rendu que *par provision*. Le roi de Navarre était devenu roi de France, sous le nom de Henri IV : les droits qu'on tenait de lui, et qui pouvaient ne pas valoir grand'chose en 1588, étaient excellents depuis l'abjuration surtout (juillet 1593). Les chanoines de la collégiale comprirent admirablement cette situation; ils firent offrir une transaction à la ville de Bayonne, et celle-ci, qui eut la sagesse de l'accepter, en termina avec eux, comme elle avait terminé avec le roi de Navarre, par un contrat d'achat.

Au mois de décembre 1594,

> Pierre Hiribarren, doyen ;.
>
> Estienne de Hirigoyen, chantre ;
>
> Menault d'Etchegarby, sacristain ;
>
> Janin de Hirigoyen ;
>
> Pierre Ducasso ;
>
> Michaud de Minbielle ;
>
> Bertrand Micheleu ;
>
> et Gaston . . . . ;

tous chanoines de l'église collégiale de Saint-Esprit, « vendent purement et simplement au lieutenant de maire, échevins et conseil de la ville de Bayonne, moyennant la somme de 1,200 écus, une fois payée, la justice et juridiction haulte, moyenne et basse qu'ils possèdent sur le territoire de Saint-Esprit, ensemble tous les profits, esmoluments, revenus, autorité, prééminences, priviléges et prérogatives de la dite juridiction, » etc.

Le jour des transactions est souvent celui de la vérité. Comme épilogue et moralité de cette trop longue esquisse, nous citerons les motifs qui, de l'aveu des parties, les ont amenées à transiger.

La ville de Bayonne déclare acheter pour

« conforter et confirmer le droit ancien qu'elle
« prétendait avoir, et pour ne retourner à
« procès. »

Quant aux chanoines, ils vendent :

« D'aultant que la dite ville reçoit grande
« incommodité d'être privée de la dite juri-
« diction, tant par les débauches et insolen-
« ces ordinaires qu'une grande partie de la
« jeunesse de la dite ville se licencie à y com-
« mettre sous la challeur d'impunité, pour
« n'être le dit bourg à présent subject à cor-
« rection des officiers et magistrats de la dite
« ville, procédant la dite impunité de la di-
« versité de la dite juridiction, parce que les
« délinquants n'ont à faire que seulement
« passer le pont de Saint-Esprit pour éviter et
« éluder l'exécution des mandements et dé-
« crets de leur maire de Bayonne, ce qui de-
« vient au grand scandale et diminution de la
« justice et du repos et bien publics. »

Quand l'acte de transaction eut été signé,
la ville de Bayonne fut mise en possession
immédiate et réelle des droits qu'elle venait
d'acquérir : promenade symbolique sur les
limites territoriales du quartier de Saint-Esprit, la tuile et la poignée d'herbe remises
par le procureur fondé des chanoines aux

mains du syndic du corps de ville, rien n'y
manqua, et dès ce jour messieurs les magistrats bayonnais purent ajouter à leurs titres
d'honneur celui de *seigneurs hauts justiciers
de Saint-Étienne*, qu'ils ont conservé dans
leurs actes jusqu'à la révolution de 89.

III

Si des lecteurs bienveillants ont eu le courage de nous suivre jusqu'au point où nous
voilà arrivé de ce trop long récit, qu'ils nous
permettent de faire ici une courte halte, et
d'apprécier en quelques traits rapides la
question si long-temps en litige : celle de
savoir à qui, du roi de Navarre, de la collégiale, ou des Bayonnais, appartenait Saint-
Esprit.

A tout esprit impartial, la conduite du parlement de Bordeaux dans cette interminable
affaire a dû paraître étrange. Comment des
magistrats éclairés, qui avaient sous les yeux
toutes les pièces du procès, ont-ils pu donner

le triste spectacle de tant de versatilité, de tant
de contradictions, à l'unique fin de ne point
trancher la difficulté qui leur était soumise ?
Pourquoi tant d'arrêts *de provision* inconci-
liables entre eux, et jamais un arrêt définitif ? C'est qu'en effet la question se prêtait
aux solutions les plus diverses, selon le terrain où l'on se plaçait pour la résoudre ; et
enfin, si peu que nous fassions de part aux
influences et aux *épices*, qui jouaient un si
grand rôle dans les tribunaux les mieux fa-
més, nous trouverons peut-être que la qu -
tion était délicate, sinon insoluble, pour messieurs les conseillers au Parlement de Guyenne. Ceci deviendra plus clair à l'aide de
quelques faits nouveaux, puisés aux sources
mêmes de notre histoire locale.

Vers la fin du Xe siècle, après les épou-
vantables ravages des Normands, l'Eglise,
seul pouvoir qui restât encore debout, fit
les plus nobles efforts pour réorganiser notre
malheureux pays. Des évêques furent envoyés
sur tous les lieux qui jadis avaient été le
siége de cités romaines ou des centres im-
portants de commerce, avec la mission de
s'y établir, de relever les temples, et de
grouper autour de leur houlette pastorale

les populations éparses et tremblantes. Dans
ce premier travail de réorganisation, les limites des diocèses furent déterminées un peu au
hasard, sous la foi de traditions confuses;
toujours est-il que le fleuve Adour paraît avoir
été choisi comme ligne séparative entre le
diocèse de Dax et celui de Bayonne, et que
cet état s'est continué à travers les siècles
avec cette fixité admirable qui fait la force
des institutions catholiques.

En vertu de cette délimitation, la paroisse
de Saint-Etienne-d'Arribe-Labourd, située sur
la rive droite du fleuve, et dont a toujours
fait partie, au point de vue spirituel, le territoire de Saint-Esprit, appartint, avec les
pays de Gosse et de Seignanx, à l'évêché de
Dax.

A l'époque dont nous parlons, Saint-Esprit
n'existait pas encore; le terrain sur lequel il
devait s'élever était envahi par les flots mal
contenus de l'Adour, qui baignaient chaque
jour, à l'heure de la pleine marée, le pied
des collines de Saint-Etienne.

En face, sur la rive opposée, on pouvait
apercevoir, comme surgissant d'une vaste
nappe d'eau, les tours et les murailles, tom-
bant en ruines, d'une antique cité romaine.

C'est là, au milieu de décombres, muets témoins de tant de catastrophes, qu'en 1056 ou 1059 Raymond de Basas pose son siége épiscopal. Apôtre et pontife dans l'acception ingénue et primitive de ces mots, le pieux évêque convoque auprès de lui les rares habitants qui abritaient leur désespoir sous de misérables toits de chaume; il réveille leur courage, et excite leur zèle : une ville nouvelle est fondée sur les débris de l'ancienne; c'est Bayonne, c'est la fille de Lapurdum.

Quelques années plus tard, de 1120 à 1130, Guillaume, duc d'Aquitaine, un duc par la grâce de Dieu, maître de la terre, maître des hommes et des choses, vient à Bayonne, se rendant en pèlerinage à Saint-Jacques de Compostelle, d'où, par parenthèse, il n'est jamais revenu. Dans la plénitude de sa puissance souveraine, il accorde aux habitants toute liberté sur terre et sur mer, « dans « le rayon *extrà muros* qu'un homme de pied, « en allant et en revenant, pourrait parcou- « rir en un jour : *quantum per diem possit* « *ire et redire.* » (Archives de Bayonne.)

Le clergé ne pouvait être oublié par l'illustre pèlerin Guillaume. En présence de

Gaston de Béarn, de Robert, vicomte de Tartas, Pierre de Mugron, Loup, vicomte de Marempne, W. de Saint-Martin, c'est-à-dire de nos voisins les plus jaloux, le duc concède à l'église Sainte-Marie de Bayonne et à son évêque Raymond de Martres, « le « droit de padouentage *extrà muros* sur tou- « tes les terres cultivées ou non, sur la mer « et les eaux douces, de manière qu'ils « pussent y fonder des établissements agri- « coles, granges, métairies, etc., des mou- « lins et des pêcheries » (Archives de Pau.)

Les priviléges du duc Guillaume donnèrent un élan extraordinaire aux entreprises des Bayonnais. Dès l'année 1140, ils jettent, sous la direction de leur évêque et d'un certain vicomte Bertrand, les fondements de leur belle cathédrale; les quartiers bas de la ville, notamment le Bourg-Neuf, sont conquis sur les eaux vaincues de la Nive et de l'Adour. Le fleuve lui-même est dompté, et un pont, œuvre immense pour le temps où elle fut accomplie, met la ville de Bayonne en communication avec le territoire nu et désolé de Saint-Etienne, dont les coteaux se couronnent bientôt de vignes et de ver- gers, comme ceux de Saint-Léon et de Tar- ride. On sait le reste !

Et maintenant que les faits sont connus,
il est facile de comprendre sur quel fondement
les sires d'Albret, paroissiens de Dax
pour leurs baronnies de Gosse et de Seignanx,
appuyaient leur prétention lorsqu'ils
revendiquaient Saint-Etienne et Saint-Esprit
comme soumis de plein droit à leur juridiction.
« L'église, disaient-ils, a toujours
« respecté dans ses divisions les anciennes
« circonscriptions politiques. A l'antique
« *civitas* des Romains correspond aujourd'hui
« le diocèse; les pouvoirs spirituel et temporel
« porel se meuvent partout dans les mêmes
« limites territoriales. Or, Saint-Esprit et
« Saint-Etienne ne sont pas placés dans le
« diocèse de Bayonne ; donc la ville de
« Bayonne n'y peut exercer de juridiction
« politique. »

Mais les Bayonnais ne pouvaient-ils pas
leur répondre :

« Ce terrain, ce sont les Bayonnais qui l'ont
« conquis sur les eaux! Ces maisons, des
« Bayonnais les ont bâties et les habitent! Ces
« vignes, ces vergers, des Bayonnais les ont
« plantés et les vendangent! N'est-ce donc
« rien que des siècles de possession utile? C'est
« le fait, dira-t-on, mais le droit est aussi cer-

« tain : voici la charte de Guillaume, confir-
« mée par Richard, fils de Henri, roi d'An-
« gleterre, tous deux seigneurs et maîtres de
« la terre. Qui peut nier que Saint-Esprit et
« Saint-Etienne, dont Bayonne n'est séparé
« que par une longueur de pont, ne soient
« compris dans le rayon qu'un homme peut
« parcourir en un jour? »

Le roi Louis XI, par ses lettres-patentes,
avait, nous le reconnaissons, compliqué
singulièrement l'affaire; ce tiers jeté à la tête
du roi de Navarre et de la ville de Bayonne
au beau milieu de leur compétition, c'était
peut-être un moyen de trancher le nœud
gordien à la façon d'Alexandre; mais l'espèce de révocation de ces lettres-patentes
par laquelle Charles VIII avait inauguré son
règne, infirmait, s'il ne le détruisait pas en
entier, le titre que son père avait créé au
profit de la collégiale; et telle devait être l'o-
pinion du parlement, puisque dans l'unique
instance où le roi de Navarre et les chanoines s'étaient rencontrés face à face, ceux-ci
avaient eu *provisoirement* le dessous.

Concluons : Si le parlement de Bordeaux
ne voulut jamais juger, c'est que la part des
influences et des épices fut beaucoup plus
grosse que nous ne le supposions d'abord.

IV.

Au point où nous avons suspendu notre récit, nous avons vu la ville de Bayonne acquérir la juridiction de Saint-Esprit et Saint-
Etienne par deux actes de vente successifs,
passés l'un en 1584 avec le roi de Navarre,
l'autre avec les chanoines de la collégiale
dix ans plus tard, en 1594.

La ville fut représentée dans ces deux
actes par le lieutenant de maire Jehan de
Sorhaindo, un nom qui mérite de vivre à
jamais dans nos souvenirs; car ce fut à son
zèle dévoué, et aux efforts intelligents de
son frère aîné, Salvat de Sorhaindo, que
nous devons l'embouchure actuelle de l'Adour
et le retour au sein de notre population
du commerce et de la richesse.

Pour se conformer à l'esprit des actes
d'acquisition qui n'avaient pu avoir d'autre
effet légal que de mettre l'acheteur au lieu
et place du vendeur, il fallut créer pour
Saint-Esprit et Saint-Etienne un corps de
justice distinct de celui de Bayonne. La ville
avait acquis les droits seigneuriaux du roi

de Navarre et de la collégiale; elle devait les exercer comme ils les avaient exercés eux-mêmes. C'était une gêne! On essaya de l'amoindrir au moyen des dispositions suivantes:

Le clerc de ville, l'un des principaux magistrats de l'échevinage, fut institué comme juge du bourg Saint-Esprit et Saint-Etienne. Il devait tenir ses audiences à Bayonne, en son parquet, tous les jeudis à huit heures du matin de Pâques à la Saint-Michel, et de la Saint-Michel à Pâques à neuf heures.

Mais le corps de ville se réserva la connaissance de toutes les contraventions en matière de police, vins, cidres, boucherie, etc., etc.

On créa deux officiers de police subalterne pour *capter* les délinquants;

Un jurat pour colliger les droits dus au roi, tant pour la taille que pour l'imposition;

Enfin, un sergent pour la signification des exploits.

Cette séparation, pour l'administration de la justice, entre les habitants des deux rives était une gêne, avons-nous dit; gêne énorme, qui pis est, la source de difficultés nouvelles! En règle générale, toute action judiciaire à Bayonne était portée, au premier degré, au conseil d'échevinage ; on allait en deuxième degré devant le lieutenant-général du sénéchal, qui avait son siége dans la ville, et le parlement de Bordeaux formait ensuite un troisième degré de juridiction.

Quant à Saint-Étienne et Saint-Esprit, l'appel des sentences prononcées par le juge devait être réservé au lieutenant-général du sénéchal résidant à Tartas, pour aboutir, du reste, au même parlement de Bordeaux.

Tout marcha bien pendant les premières années; mais bientôt la prospérité des négociants bayonnais, l'éclat qui en rejaillissait sur leurs magistrats, et, il faut le dire, les produits croissants de *la coutume*, qui, en remplissant la caisse de l'hôtel-de-ville, doraient aussi les habits des heureux fermiers chargés de les percevoir, firent une vive impression sur quelques membres de la collégiale. Le serpent de la jalousie les mordit au cœur.

Parmi eux se trouvait alors, en qualité de simple chanoine, un Bayonnais, homme de beaucoup d'esprit, d'une incontestable pureté de mœurs, et qui devait un jour se rendre célèbre par sa lutte acharnée contre les jésuites : c'était Jean Duvergier de Hauranne, plus connu sous le nom d'*abbé de Saint-Cyran*, l'ami de Jansénius, le précurseur de Port-Royal. Jean Duvergier appartenait à une famille de bons bourgeois; son père et son grand-père avaient été constamment honorés de toutes les charges qu'une ville peut offrir à ses plus nobles enfants. Par ses parents ou alliés, les Hauranne, les Joannis, les Haitze, les Barcous, les Lana, il exerçait une influence marquée dans les conseils de la ville; on peut croire, sans être taxé d'aventureux, que ses talents et sa fortune lui donnaient quelque ascendant sur les collègues auxquels il avait daigné s'associer. Comment, à la faveur de cette double position, ne put-il éviter les froissements et conjurer l'orage qui, en éclatant, devait le frapper deux fois, comme citoyen et comme prêtre ? Sans doute des pensées d'un ordre plus élevé préoccupaient déjà sa belle intelligence, et lorsque, en compagnie de Jansénius, régent des écoles à Bayonne, il se promenait d'un pas grave sous les riants ombrages de Camp-de-Prats, domaine patrimonial de la famille Duvergier de Hauranne, où s'élève aujourd'hui le palais des pauvres, les mesquines querelles dont nous nous sommes constitué le narrateur importun, ne trouvaient guère place dans les doctes entretiens des deux austères amis.

Le mauvais vouloir des chanoines de Saint-Esprit contre la ville de Bayonne, qui se faisait jour par mille sourdes menées, mille taquineries de toute espèce, n'eut peut-être abouti à aucun résultat sérieux si la ville de Bayonne, par ses démarches imprudentes et le désir de frapper un grand coup, ne leur eût fourni des alliés et des armes.

« Le 4 juin 1615, M. le comte de Gramont, « gouverneur et maire perpétuel de la ville, « vint en conseil à l'hôtel-de-ville, où il rap- « porta l'intention du roi qui était de conduire « Madame sa sœur en la province de Guyenne « jusqu'à la ville de Bordeaux, et de la faire « mener par cette ville en Espagne, et pareille- « ment recevoir l'infante d'Espagne, son « épouse, au Pas de Béhobie, et la faire passer « par la dite ville ; pour lesquelles recevoir di- « gnement et honorablement il fallait que la « ville se préparât et disposât à leur faire les « entrées les plus magnifiques qu'il serait pos- « sible ; qu'en cette action il y allait de l'hon-

« neur et réputation de la ville de Bayonne. A
« quoi fut répondu par lesdits sieurs du corps
« de ville : qu'ils étaient extrêmement aises
« d'avoir l'honneur que les passages de la reine
« de France et de la princesse d'Espagne se fis-
« sent par cette ville ; qu'il leur serait impos-
« sible de faire les entrées à l'égal de la gran-
« deur de ces princesses, ni de la fidélité et
« obéissance que Bayonne a toujours portées
« à ses rois, mais ils feraient tout ce qui leur
« sera possible. »

Il y allait de l'honneur et réputation de la
ville, avait dit M. le comte de Gramont. Comme
monseigneur connaissait bien ses administrés !

Une lettre du jeune roi Louis (XIII), adressée
directement à la ville, où il annonce son départ,
pour le « parachèvement et accomplissement
« de son mariage avec la fille d'Espagne, et de
« sa sœur aînée Elisabeth avec le prince d'Es-
« pagne, » acheva de tourner toutes les têtes.
Les Bayonnais voulurent faire du magnifique à
tout prix.

La cour avait envoyé, pour faire à Béhobie
tous les préparatifs nécessaires à l'échange des
deux princesses, un architecte italien nommé
Franchini, sous les ordres de M. de Gourgues,
président à mortier de la cour du parlement

de Bordeaux. Ce dernier était bien connu à
Bayonne, où il avait séjourné quelques mois en
l'année 1611 pour surveiller et régulariser l'entrée en France des Morisques, qu'une politique
de fanatisme et de cruauté expulsait d'Espagne. Il consentit à prêter son architecte à ces
excellents bourgeois, qui l'avaient si bien ac-
cueilli, et vraiment la description des fêtes
que nous trouvons dans les registres des déli-
bérations nous prouve que le Franchini s'en
tira à merveille.

L'entrée de madame Elisabeth, sœur du
roi, fut naturellement préparée à Saint-Esprit, puisqu'elle arrivait de Bordeaux pour
se rendre en Espagne. Sur la place même du
faubourg on dressa un théâtre où Madame
devait s'asseoir pour ouïr les harangues. Il
était recouvert de velours bleu à franges
d'argent, et tout chamarré de clinquant d'argent.

A la porte de Saint-Esprit « on éleva
« un portal triomphant auquel il y avait
« deux grandes figures faites de tables bien
« peintes et présentant Neptunus et Glaucus,
« l'un d'un côté, l'autre de l'autre, chacun
« ayant son écriteau en poésie latine, et au
« milieu d'icelle un écu de France avec deux

« pins, et au haut dudit portal un théâtre
« pour y mettre environ trente musiciens
« que les dits sieurs firent exprès venir de
« Toulouse pour cet effet. Aux deux côtés
« deux Victoires avec des chevaux marins,
« et au dessus une grande coquille argentée
« avec deux dauphins. »

Pour l'entrée de la reine, les préparatifs
revêtirent un caractère plus magnifique encore.

« Hors la porte Saint-Léon fut dressé un
« théâtre de douze pieds de largeur en carré,
« et quinze pieds de hauteur, couvert en
« dorure, et au dessus une couronne à l'im-
« périale avec trois escaliers larges, l'un
« par le devant et les autres par les côtés,
« chacun à sept marches, le tout entouré de
« balustres avec des accoudoirs garnis de
« velours incarnat chamarré de clinquant
« d'or, et les balustres dorés, avec huit pi-
« liers tout garnis de même velours parsemé
« de fleurs de lys d'or. Le dedans était garni
« savoir : le dôme, de velours rouge cra-
« moisi parsemé de fleurs de lys d'or ; le
« ciel de même velours, chamarré de clin-
« quant d'or, les pentes ou courtines de même
« velours doublé tant dehors que dedans,

« et par le haut et bas un frangeon de fil
« d'or ; les rideaux de damas rouge, tous
« frangés de la même sorte, plus une chaire
« et oreiller garnis de même.

« A l'entrée du portal de Saint-Léon fu-
« rent faits deux grands piliers à la toscane.
« Au côté droit, il y avait une grande figure
« de la ville de Bayonne, représentée par
« une pucelle portant le chaperon du ma-
« gistrat sur son bras ; à l'autre côté, il y
« avait une autre figure de la France repré-
« sentée par l'Abondance. Entre les deux
« figures, au dessus du portal, il y avait
« deux anges qui portaient l'écu de France
« et d'Espagne, et plus haut, au milieu, il y
« avait un grand retable où les portraits du
« Roi et de la Reine étaient fort bien et
« artistement représentés au vif, au dessous
« duquel retable il y avait quelques disti-
« ques en latin. »

Nous ferons grâce à nos lecteurs du reste
de la description : les statues de la Nive et
de l'Adour, la Paix, la Justice, les L, les A
couronnés, les captifs enchaînés aux chiffres
amoureux d'Anne et de Louis.

Enfin le grand jour arriva ! Quinze à seize
cents hommes de guerre, tous enfants de

Bayonne, se rangèrent en bataillon *carré* sur la grand'place de Saint-Esprit, ayant à leur tête Pierre de Crutchette, sieur de Garris, capitaine ; Denis de Sorhaindo, avocat en la cour du parlement de Bordeaux et siége de Bayonne, lieutenant, et Laurent d'Olives jeune, enseigne. Cette brave cohorte qui se subdivisait en 1,200 mousquetaires et arquebusiers et environ 400 piquiers armés de toutes pièces, n'offrait pas à l'œil, tant s'en faut, la saisissante uniformité d'une troupe, moderne ; mais Dieu nous préserve de la comparer à nos miliciens de la garde nationale, cet innocent prétexte à de joyeux déguisements. *In medio virtus!* Nos pères, soldats capricieux d'équipement et d'allure, grommelaient volontiers à la parade ou dans les rondes de police ; mais à l'heure du danger ils montaient fièrement sur leurs murailles, et savaient y mourir en citoyens courageux et loyaux.

Dès que Madame, sœur du roi, qui avait passé la nuit précédente à Saint-Vincent, mit pied à terre à Saint-Esprit, elle fut conduite sur le théâtre par le comte de Gramont, maire, gouverneur, qui se présenta à la tête de tous les eschevins revêtus de leurs robes rouges et livrées de magistrat, et lui offrit les clefs

de la ville dans un bassin d'argent, non sans
lui adresser une harangue ; Messieurs de Lespès, lieutenant-général au sénéchal, et Abel
de Lalande, lieutenant à la mairie, en débitè-
rent aussi de fort élégantes ; puis la princesse
entra dans sa litière, et s'achemina vers la ville,
abritée sous un poêle d'une grande richessee
que portaient messieurs de Lalande, Laurent
Moisset, David de Naguille, et Jean Dibusti.
Le pont Saint-Esprit fut franchi au milieu d'un
tapage atroce, bruit de canon et de mousque-
terie, cris d'allégresse du peuple, et, pour
achever le concert, les trente musiciens qu'on
avait fait venir exprès de Toulouse jouant ensemble du haut-bois.

Un *Te Deum laudamus*, chanté en musique
à la cathédrale en présence de messire Bertrand d'Eschaux, premier aumônier du roi et
évêque de Bayonne, termina une fête que la
digne fille du plus spirituel de nos rois ne dut
jamais oublier.

N'en glissa-t-elle pas quelques mots à l'o-
reille de sa charmante sœur d'Espagne quand
elle se jeta dans ses bras au Pas de Béhobie ?
Ce qu'il y a de certain, c'est que l'entrée à
Bayonne de S. M. Anne d'Autriche, reine de
France, présenta les plus singulières circonstances.

« Les magistrats se transportèrent (à l'heure
« du programme) hors la porte Saint-Léon,
« où, l'ayant attendue TROIS OU QUATRE HEURES
« avec MM. les officiers du roi et grand nom-
« bre des plus anciens avocats et bourgeois,
« il serait *venu nuit;* ce qui fut cause que les
« dits sieurs envoyèrent à chercher dix dou-
« zaines de grands flambeaux, et bientôt
« après arriva M. de Gramont, qui dit aux dits
« sieurs officiers du roi et aux dits sieurs du
« corps de ville que *S. M. ne voulait entrer dans*
« *le théâtre, moins ouïr aucune harangue,* mais
« qu'il avait obtenu, par la prière de M. de
« Guise, en considération de la ville, qu'elle
« entrerait dans le théâtre pour le voir seu-
« lement, à la charge qu'aucune harangue ne
« lui serait faite, et ainsi qu'il fallait se con-
« tenter de lui faire la révérence seulement. »

Il fallut bien se résigner. On salua profondément la capricieuse Espagnole ; on la
vit belle, et on lui pardonna sans doute
de ne pas priser les harangues françaises.
Le lendemain, messieurs du corps de ville
furent admis au logis de la reine dans la
maison de M. de Lalande, sieur de Mon-
tault, « et lui offrirent un petit beau et ri-
« che coffret d'argent, fort artistement esla-

« boré, à l'entour duquel les armoiries de
« France et d'Espagne et de la ville étaient
« gravées, ensemble les effigies du roi et de
« la reine, la clef duquel était d'or, dans
« lequel coffret fut mise une grande pierre
« d'ambre gris du poids d'environ vingt onces.

« La reine l'accepta, et leur témoigna en
« avoir grand contentement, et incontinent
« ouvrit le dit coffret pour voir la dite pierre
« d'ambre, qu'elle trouva fort belle. »

S'ennuyer aux harangues de messieurs
les échevins, et leur préférer le parfum de
l'ambre! qui ne reconnaîtrait à ces traits la
voluptueuse idole de l'étourdi Buckingham?

Incessu patuit dea...

Si les Bayonnais aimaient le roi; si, pour
lui prouver combien ils lui étaient dévoués,
ils n'avaient pas craint de semer leur fortune
sous les pas de sa dédaigneuse épouse leur reine
bien aimée, ils étaient surtout dévoués à Bayonne: la voir grande, riche, honorée, c'était leur
désir, c'était leur passion. « Il faut profiter
« du passage des princesses et du séjour de Sa
« Majesté à Bordeaux, » avait dit Pierre Duvergier de Hauranne, frère du chanoine, dans une
assemblée du corps de ville tenue le 7 novem-

bre 1615, c'est-à-dire au plus fort des fêtes royales.

« Formons des vœux! qu'on rédige un ca-
« hier, et qu'une députation soit chargée de
« le remettre aux mains de S. M. »

La proposition fut accueillie avec fureur, et la seconde des nombreuses demandes adressées au roi fut la suivante :

« L'ampliation du ressort du sénéchal en
« l'étendue de Gosse, Marempne et Seignanx,
« qui sont du gouvernement.(juridiction mili-
« taire) de la ville, comme aussi de joindre et
« incorporer les juridictions de Saint-Esprit
« et de Saint-Etienne à celle de la ville de
« Bayonne. »

Dans ce système le juge particulier de Saint-Etienne et Saint-Esprit disparaissait, la fusion entre ces quartiers et la ville de Bayonne devenait complète, le sénéchal de Bayonne, juge du 2.e degré, voyait son cercle juridictionnel s'agrandir des trois baronnies de Gosse, de Seignanx et de Marempne, qui jusque-là avaient fait partie du duché d'Albret, et relevaient par conséquent du sénéchal de Tartas.

La manœuvre des Bayonnais était habile, puisqu'ils rattachaient ainsi à leur cause le sé-

néchal de Bayonne, et réunissaient en un fais-
ceau toutes les forces vives de la cité; mais,
d'un autre côté, elle avait ses dangers. Que fe-
rait Tartas ! Les baronnies verraient-elles l'annexion de bon œil ?

On avait en cour bien d'autres affaires à ré-
gler que celles de la ville de Bayonne. Les députés reçurent le meilleur accueil; Concini, le
héros du jour, leur fit maintes promesses; mais
ils ne rapportèrent en définitive que des paro-
les.

Lorsque les prétentions de la ville de Bayonne arrivèrent à la connaissance des gens de
Tartas, l'irritation y fut grande : officiers du
roi au sénéchal, procureurs, avocats et notaires, n'oublions pas les *hosteliers*, ce fut à qui
s'indignerait davantage contre l'esprit envahis-
sant des bourgeois bayonnais, contre leur
vanité et leur insatiable appétit d'argent et
d'honneurs. Vite on s'entend avec la partie ir-
ritable ou irritée de la collégiale de Saint-Esprit; une sentence quelconque du clerc de
ville juge de Saint-Etienne est frappée d'appel,
et portée au sénéchal de Tartas ; celui-ci en
prend texte

« Pour défendre au dit clerc d'exercer la
« justice entre les habitants du Saint-Esprit

« et Saint-Etienne-d'Arribe-Labourd dans la
« ville de Bayonne, laquelle ville est située
« hors le détroit de la juridiction des lieux, à
« peine de nullité et cassation de toute procé-
« dure, et de répondre, en son propre et
« privé nom, des dépens, dommages-intérêts
« des parties. »

C'était une déclaration de guerre. On le
sentit à Bayonne, et le corps de ville reprit
avec plus d'ardeur ses projets d'annexion judiciaire. La hideuse révolution de palais qui
venait d'élever sur le cadavre de l'italien
Concini le triste d'Albert de Luynes, et de
souiller d'une première goutte de sang la
main de Louis XIII, en créant un ordre
de choses nouveau, parut une occasion favorable.

Le 2 octobre 1617 la requête que voici fut
présentée au roi :

« SIRE ,

« L'étendue du ressort et siége ordinaire de
« Bayonne est fort étroite, et réduite pour les
« causes d'appel au seul bailleage de La-
« bourd, qui peut sans aucune incommodité,
« et au grand contentement de vos subjets,
« être augmentée, y empruntant quelque

5

« chose d'un siége voisin. Celui de Tartas, au
« duché d'Albret, esloigné de Bayonne de 12
« grandes lieues, a sous lui vingt-quatre ju-
« ges ordinaires, et s'étend jusqu'aux portes
« de Bayonne. D'aultant que les juridictions
« de Gosse, Seignanx et de Marempne, qui en
« dépendent, ne sont séparées de la ville de
« Bayonne que par la rivière Adour, les pau-
« vres subjets des dites juridictions sont obligés
« d'aller chercher la justice avec beaucoup de
« dépenses en un siége fort esloigné, laquelle
« leur peut être rendue à Bayonne avec plus
« de facilité. Cette attribution augmentera le
« lustre de Bayonne, ville importante, et n'af-
« faiblira en rien celui de Tartas. Votre Ma-
« jesté est suppliée ordonner que les dites ju-
« ridictions soient extraites du siége de Tar-
« tas et attribuées à celui de Bayonne, attendu
« même que la duché d'Albret à côté est jointe
« à la couronne par le feu roi Henri-le-
« Grand. »

Phélipeaux de Pontchartrain, le ministre
en faveur, écrivit en marge de la dite requête:

« Le roi fera informer par le premier maître
« des requêtes ou conseiller de cour souve-
« raine qui sera sur les lieux, du contenu en
« cet article, et de la commodité ou incommo-

« dité que recevront ses sujets du change-
« ment de juridiction requise, comme aussi
« quel intérêt en peuvent recevoir les officiers
« de Tartas, *pour le tout être pourveu aux sup-*
« *pliants autant à leur contentement que faire*
« *se pourra.* »

Suivait la commission en forme, signée de la
main du roi, contresignée par le chancelier et
scellée du grand sceau de cire jaune.

Les mauvaises nouvelles arrivent, dit-on,
plus vite que les bonnes. Le corps de ville était
encore tout ému du bonheur que venait de lui
faire éprouver l'annonce du grand succès obtenu à Paris, qu'une convocation extraordi-
naire des magistrats et principaux bourgeois
était devenue nécessaire pour éviter que ce
succès ne fût immédiatement compromis.
Dans une assemblée (6 novembre 1617) où furent réunis Sorhaindo, lieutenant de maire;
de Brusch, clerc ordinaire ; de Haitze, Duvergier, David Etchégaray, Veillet et Segure,
échevins, Martin de Crutchette, lieutenant particulier du sénéchal, Pierre de Lespès, sieur
de Hureaux, Matthieu d'Olives, Menjon Duli-
vier, Pierre de Lalande, Abel de Lalande,
jadis lieutenant de maire, David de Naguille,
Jehan Dibusti, Pierre de Hody, bourgeois de

la ville, « le sieur de Haitze fit entendre,
« comme les sieurs du corps de ville viennent
« d'être avertis que les officiers du siége de
« Tartas couroient le pays de Gosse, Seignanx
« et Marempne, pour gagner les officiers et
« habitants des dits lieux à s'opposer à l'exé-
« cution de la patente ou arrêt du conseil
« obtenu par la ville de l'ampliation du res-
« sort des dites juridictions de Gosse, etc.,
« extorquant d'eux des procurations pleines
« de calomnies et faussetés... à quoi il étoit
« nécessaire de pourvoir en toute diligence.

« Il fut délibéré qu'il sera promptement
« écrit à messieurs les députés en cour d'en-
« voyer en diligence l'arrêt par eux obtenu,
« de présenter requête au conseil pour in-
« former des menées et pratiques des offi-
« ciers de Tartas; néanmoins qu'il sera pré-
« sentement député vers M. le comte de
« Gramont, qui est à Bidache, pour implo-
« rer son secours et autorité en cette affaire,
« et employer des personnes qui aient accès
« et cognoissance sur le pays, afin d'arrêter
« ces menées et pratiques. »

Le grand meneur de la ligne tartasienne
était M. Thomas de Chambre, lieutenant
du sénéchal de la ville de Tartas. Dans cette

lutte *pro aris et focis*, il se conduisit avec une ardeur, une habileté de tactique qu'on ne saurait trop admirer, à Bayonne surtout, où la graine des de Chambre n'a jamais fleuri avec autant de réussite et d'éclat que sur la rive droite de l'Adour.

A la suite de la délibération du 6 novembre 1617 que nous venons de rapporter, on passa bien vite du conseil à l'action.

M. Dibarboure, agent de la ville à Bordeaux pour des affaires pendantes devant la cour du parlement, sé mit en rapport, nous ne savons trop comment, avec un maître des requêtes nommé Claude Ledoux, sieur de Melleville, lui présenta la commission royale à fin d'enquête, et l'adjura de s'en charger. On se rappelle que cette commission s'adressait d'une manière générale à *tout maître de requêtes ou conseiller de cour souveraine*. M. de Melleville étant de la qualité requise, il accepta.

Comme pour nos enquêtes ordinaires, le commissaire ouvrit son procès-verbal le 24 juin 1618, en l'hôtel du Chapeau-Rouge, à Bordeaux, par un permis, délivré au nom du syndic de la ville de Bayonne, demandeur en l'instance, d'assigner pour le 9 février suivant, au bourg Saint-Esprit-lès-Bayonne, les gens de Tartas, partie défenderesse, en la personne des officiers du roi et jurats de cette ville.

Au jour fixé, comme personne ne se présente, le syndic substitut de Bayonne, M. François de la Serre, justifie des assignations données à

Thomas de Chambre, lieutenant au siége de Tartas;

Louis Sanguinet, procureur au même siége;

Pierre de Bidart et Dominique Darblade, jurats de ladite ville;

Et demande que, faute par eux de comparaître, il soit passé outre à l'enquête.

Alors survient Bertrand de Sanguinet, avocat au parlement de Bordeaux, demeurant à Tartas, qui réclame et obtient au nom des défaillants un sursis jusqu'au lendemain.

Le lendemain, en effet, Thomas de Chambre, qui était arrivé de grand matin à l'auberge de l'*Escu de France*, tenue par un certain Augier de Camiade, se présenta devant M. de Melleville avec un cortége des plus imposants. On verra qu'il avait groupé autour de son importante personne, avec tout le talent d'un habile metteur en scène, la fine fleur de la chicane, la plus fine des trois baronnies de Gosse, Seignanx et Marempne.

Au moment où la voix sonore du sergent royal proclame l'ouverture de la séance, Jehan Duperoilh, juge royal de la juridiction de Seignanx, assisté de M. Augier de la Pebie, substitut du procureur général au même siége, demande à intervenir dans l'instance pour s'opposer à ce que son siége soit distrait de la juridiction de Tartas et soumis à celle de Bayonne. Les conclusions qu'il développe portent en substance qu'à « Tartas la justice est « brièvement administrée avec bon ordre et « *style judiciaire;* les avocats et procureurs y « sont nombreux; on y plaide avec des frais « fort modérés... A Bayonne, au contraire, « l'instruction des affaires est éternelle, et les « frais excessifs. Les habitants de Bayonne « ne taschent que de ruyner ceux de Seignanx, « pour emporter leurs héritages. »

Après le juge royal de Seignanx, on entend celui de Gosse, M. Robert de Saint-Martin, accompagné de son procureur juridictionnel, Arnaud de Campet. Ils s'opposent aussi à la distraction.

« La ville de Tartas n'est guère plus esloi- « gnée que Bayonne. Procédure à bon mar- « ché, excellents avocats... Les habitants de

« Bayonne font de grands négoces avec ceux
« des baronnies; quand ils auront la justice
« chez eux, ils susciteront mille procès, et per-
« dront tout le pays. »

Enfin François de Guillemane et Jacques
de Veyres, juge et lieutenant de Marempne,
faisant aussi pour Etienne de Lartigue, procureur pour le roi en la dite juridiction, viennent ajouter leur acte d'opposition aux deux
précédents.

Quand la magistrature du pays dont la distraction est demandée s'est ainsi levée tout
entière pour protester contre cette mesure,
Thomas de Chambre demande à son tour la
parole.

« Il s'oppose à l'enquête parce qu'il tient
« M. de Melleville pour incompétent et suspect.
« La commission du roi est générale, il est vrai ;
« mais il ne sauroit appartenir au premier
« venu de saisir au passage un maître des
« requêtes quelconque, pour l'habiliter. Ce
« droit n'appartient qu'au procureur-géné-
« ral en cour de parlement. La ville a voulu se
« mettre à l'abri de ses réquisitions, parce
« qu'elle savoit qu'en présence de l'opposition
« portée au conseil privé du roi par les offi-
« ciers et gens de Tartas, ce magistrat n'eût

« jamais consenti à passer outre... Depuis Bor-
« deaux, ajoute M. de Chambre, s'adressant
« personnellement au commissaire, vous avez
« été conduit et desfrayé par la ville. Vous ne
« rentrez que le soir à Saint-Esprit ; vos jour-
« nées vous les passez au milieu *des caresses*
« *et festoiements extraordinaires des Bayonnais,*
« *disners abondants.* Mesme le sieur de Lespès,
« le fils duquel est lieutenant-général du sé-
« néchal en la dite ville, vous a conduit avec
« le sieur de Naguille, aussi un des principaux
« bourgeois, vers la frontière et coste de la
« mer... Votre partialité se montre jusque dans
« le lieu que vous avez choisi pour l'enquête.
« Saint-Esprit, où Bayonne *a usurpé la justice*
« *sur l'autorité du roi,* fait partie du gouverne-
« ment de M. de Gramont, lequel est in-
« téressé dans la question, et, par son ordre,
« M. de Sensac, son lieutenant, a parcouru
« le pays avec deux échevins, MM. David
« et Veillet, pour capter la volonté du
« peuple et retirer procuration de la no-
« blesse. »

M. de Chambre n'avait pas plus tôt terminé
la lecture de ses moyens de récusation, que,
comme un chœur antique, se levaient une
demi-douzaine de notaires, tout barbouillés

d'encre, maîtres Daranguissen, Capdeville, Dupet, Lartigue, etc. etc. Ils étalent sur la table du commissaire de nombreux feuillets que le syndic de Bayonne parcourt avec une curiosité inquiète. C'est bien plus sérieux que les oppositions intéressées de MM. les officiers du roi ; il s'agit du pays tout entier conduit par sa noblesse. Dupet et Lartigue déposent la protestation de Marempne ; Daranguissen, celle de Gosse et Seignanx, où l'on voit figurer Jehan de Sallejusan, jurat de Saint-Martin-de-Hinx, un nom que nous recommandons tout spécialement au souvenir de nos lecteurs. Quant à Jehan Capdeville, il parle pour :

Jehan de Bessabat,

Etienne de Bedorède,

Jehan du Poy, sieur de Montholieu ;

Alexandre de Montauser,

Pierre de Poy, sieur de Saint-Laurent ;

tous les cinq escuyers, qui déclarent de la manière la plus formelle s'opposer à toutes les prétentions et demandes de Bayonne.

Cette première journée menaçait de devenir mauvaise pour les Bayonnais. Heureusement M. de Melleville, qui n'était pas homme à s'arrêter, comme on dit très-vulgairement, aux bagatelles de la porte, déclara, sur les obser-

vations de M. le substitut, que, nonobstant
toute opposition , récusation et appel , il
poursuivrait son enquête, et se transporte-
rait personnellement dans toutes les paroisses
ou vicariats du pays contentieux. Un petit
incident, que nous devons signaler, lui fit sans
doute comprendre qu'il fallait voir de près les
hommes et les choses, les hommes surtout.
M. le substitut Lasserre avait remarqué que
des actes de procuration déposés par les notaires portaient, quoique d'une écriture *encore*
toute fraîche, la date des 4 et 8 février. On
était alors au 10. Sommé de s'expliquer sur
ce fait. Daranguissen avait répondu que c'était
là une expédition, que l'original était chez lui,
qu'il l'avait oublié à l'auberge dans son bon-
net de nuit. Comme M. le commissaire l'in-
vitait à l'aller chercher. « Au fait, avait-il ré-
pliqué que ceux qui veulent *la disputer*, se
pourvoient par inscription....» Cette réponse
donna à réfléchir à M. de Melleville.

Les Bayonnais, lorsqu'ils demandaient que
les trois baronnies de Gosse, Seignanx et Marempne, entrassent dans le cercle juridic-
tictionnel de leur sénéchal, se fondaient sur
les faits suivants, qu'ils s'engageaient à prouver :

1.º Chacun des points des trois baronnies est plus proche de Bayonne que de Tartas.

2.º Tous les habitants viennent journellement à Bayonne pour la vente de leurs produits
et l'achat des objets nécessaires à leur propre
consommation.

3.º Ils ne vont à Tartas que pour plaider,
etc.

En conséquence, ils avaient tracé un tableau comparatif des distances qu'ils remirent
à M. le commissaire.

Avant de commencer l'audition des témoins,
le syndic de Bayonne fit signifier à de Cham
bre que l'enquête allait s'ouvrir le 13 à Saint-
Etienne, et successivement dans divers lieux
déterminés, avec sommation d'y assister.

De Chambre passa un nouvel acte de récusation. Il infirmait d'avance la valeur des témoignages qui seraient recucillis dans le pays
de Gosse et de Seignanx, attendu, dit-il, que
« le sieur de Legris possédoit la plupart des
« héritages de Saint-Etienne; que l'avocat
« Romatet, autre Bayonnais, avoit de grandes
« propriétés dans ces deux baronnies, et que
« les pauvres habitants, presque tous débi-
« teurs des bourgeois de Bayonne, n'oseroient
« parler librement. »

C'est le 15 février que M. de Melleville se
met en route; il est accompagné du syndic et
de quelques personnes notables de la ville.
Tout le monde voyage à cheval, M. de Chambre lui-même, quoique défaillant de droit,
n'en galope pas moins, cavalier indépendant,
tantôt à la tête, tantôt à la queue de la compagnie, selon les nécessités de la guerre de
tirailleur qu'il a entreprise.

Les paroisses de Saint-Etienne, Tarnos et
Ondres, que M. le commissaire visite le premier jour, sont unanimes pour l'annexion.
Curés et jurats en tête, les habitants procla-
ment bien haut qu'il leur est plus commode
et plus avantageux d'aller plaider à Bayonne.

« Lorsqu'il s'agit d'un procès, » dépose
Etienne Laborde, notaire royal à Tarnos, « on
« en est quitte à Bayonne avec un teston pour
« la dînée; à Tartas il en couste dix escus et
« davantage. Les juges de Seignanx, Gosse et
« Marempne commectent beaucoup de tyran-
« nies et vexations déraisonnables, d'aultant
« qu'aucun juge n'a l'œil sur eux... Depuis
« neuf ans que j'exerce ma charge de notaire,
« j'ai vu qu'on a commis toute sorte de crimes,
« hormis de fausse monnaie, sans qu'il s'en
« soit ensuivi aucune punition, mais bien des

« compositions moyennant de l'argent, faisant
« lesdits juges tout ce qu'il leur plaict, parce
« qu'on ne peut appeler de leurs sentences
« qu'avec grands frais, ce qui n'arriverait si
« les plaideurs pouvaient aller à Bayonne au
« lieu de Tartas. »

« J'ai gagné un procès, » dit Jehan Duprulh,
prêtre et curé d'Ondres; « mais plutost que
« d'aller à Tartas, j'ai mieux aimé accorder
« terme. »

Nous avons eu tort d'affirmer que dans les
trois paroisses de Saint-Etienne, Tarnos et
Ondres, les habitants furent unanimes, curés
et jurats en tête, pour demander l'annexion.
Cela était vrai pour Tarnos et Saint-Etienne,
mais non pour le village d'Ondres, où le jurat
ne put comparaître, d'aultant, mentionne le
commissaire dans son procès-verbal d'enquête,
que « M. le juge ordinaire, sachant que nous
« arrivions, l'a tout présentement fait mettre
« en prison pour quelque amende supposée. »

Le commissaire s'arrêta le soir à Capbreton. Le lendemain il entendit sous la foi du
serment :

MM. Etienne Laurent, juge royal et ordinaire
dudit bourg;

Augier de la Cabanne, procureur juridictionnel ;

Salvat de Hureaulx, juge au même siége;

Le curé, le vicaire et les deux jurats du même lieu.

Leurs témoignages né manquaient pas d'un certain poids, puisque Capbreton, relevant de Tartas, comme Gosse, Seignanx et Marempne, n'était consulté qu'à cause de sa position limitrophe des trois baronnies.

Or tout le monde y déclara qu'il y avait pour le pays un incontestable avantage à relever de Bayonne.

De Capbreton, M. Melleville partit pour le hameau de Ossegore, dépendant de la paroisse de Sors en Marempne. Au moment d'entrer au village, il voit le syndic de Bayonne qui l'avait devancé de quelques instants afin d'assigner les témoins, revenir à pas pressés sous l'empire d'une véritable émotion. De Chambre, le vaillant champion de Tartas, le suivait d'un pas égal : « Monsieur le commis-« saire, s'écrie le syndic Lasserre, les assignés « sont empêchés de comparoir par M. le lieu-« tenant de Chambre. J'en demande acte.—Le « fait allégué est faux et calomnieux, » répond de Chambre.

Cependant quatre témoins, François Dibos, écuyer, Lafargue, curé, Barthélemy de Vieille, notaire, et Duvignau, maître de navire, répondent à l'assignation. Mais ils se bornent à reconnaître que Tartas est *un peu plus loin que Bayonne,* que les chemins pour s'y rendre sont *un peu plus mauvais,* sans vouloir ajouter un mot de plus.

Au Boucau-Vieux comme à Capbreton, des témoins sont entendus à titre de voisinage, entr'autres Jean de la Caulongue, jurat. Il déclare que les habitants de la paroisse vont adresser au roi une supplique pour que le juge du Marensin, auquel ils sont subordonnés, soit compris dans l'annexion projetée.

Après l'altercation de Ossegore, le lieutenant Thomas de Chambre avait disparu, et ce fut, il faut le dire, un grand soulagement pour chacun, pour M. le commissaire enquêteur autant que pour M. le syndic de Bayonne. Ses ruses, ses chicanes, son humeur bilieuse, en faisaient un compagnon peu agréable; aussi M. de Melleville et sa suite s'éloignèrent-ils du Boucau l'esprit allégé d'un grand poids lorsqu'ils se sentirent débarrassés de ce terrible homme.

On arrive à Soustons vers six heures du soir; mais, chose étrange, le village paraît désert. M. de Melleville met pied à terre, et entre dans la première maison qui s'offre à ses regards : la maison est vide. Il en visite quelques autres, personne ! Enfin il aperçoit deux hommes qui travaillaient à couvrir l'église ; il va droit à eux, et s'informe des habitants de Soustons. Les deux ouvriers répondent qu'ils ne peuvent fournir aucun renseignement, parce qu'ils sont étrangers.

Remonter à cheval et courir au village de Tosse, c'est pour M. le commissaire et sa suite l'affaire de quelques heures... Tosse, comme Soustons, est complètement désert.

Que faire ?

MM. de Melleville et Lasserre prirent le parti d'aller coucher à Saint-Vincent-de-Tyrosse. Là ils apprirent, non sans indignation, que M. de Chambre et son ami M. Robert de Saint-Martin, juge de Gosse, auxquels s'étaient joints le juge de Marempne et les jurats de la ville de Tartas, avaient imaginé de mettre à exécution une idée très-simple, mais d'un effet triomphant : précéder d'un temps de galop seulement la commission d'enquête, faire peur aux paysans de l'arrivée prochaine du commissaire, et dégoûter celui-ci en pratiquant autour de lui le vide le plus complet.

Ruse connue, ruse déjouée. Les Bayonnais,

de concert avec M. de Melleville, décidèrent de se séparer, comme s'ils renonçaient à l'enquête. Ce dernier, avec son secrétaire, prit la route d'Aqs, tandis que MM. Lasserre, Segure, Lespès, etc., se dirigèrent sur Bayonne. Le point de réunion était fixé à Peyrehorade.

Ce plan réussit à merveille, et le 19 février au matin le commissaire pouvait recommencer paisiblement ses opérations.

La ville de Peyrehorade faisait partie de la vicomté d'Orte, laquelle n'était séparée que par l'Adour des trois baronnies comprises dans le projet d'annexion. C'était donc en qualité de voisins limitrophes que les gens de Peyrehorade devaient être consultés.

On vit successivement comparaître dans l'enquête :

MM. Adrien de Lastre, avocat en la cour du parlement de Bordeaux, juge ordinaire de la vicomté d'Orte ;

Bertrand de Vivensan, procureur juridictionnel des terres du sieur vicomte d'Orte ;

Pierre de Gardera, licencié en droit et juge royal, civil et criminel, de la juridiction de Hastingues, demeurant en la paroisse d'Igaas ;

Pierre Duclerc, notaire royal et greffier ordinaire de la vicomté ;

Jean de Marmayou, Jean de Mongelos, Sulemon Daguerre, notaires royaux, les deux premiers à Peyrehorade, le dernier à Hastingues;

Jean Dartiguelongue, etc., etc.

Le résultat de toutes ces dépositions fut on ne peut plus favorable aux Bayonnais.

« Les baronnies, y disait-on, sont en rela-
« tions journalières avec Bayonne; tous leurs
« produits y aboutissent, et c'est de là qu'elles
« retirent les objets de première nécessité.
« L'annexion sera un bienfait pour ces mal-
« heureuses populations, constamment foulées
« par leurs juges, qui s'en font adorer comme
« rois. — On ne va à Tartas que pour plaider,
« et encore n'y arrive-t-on qu'avec mille pei-
« nes, tant les chemins sont mauvais! Cette
« ville, qui consiste en deux méchantes petites
« villes, l'une haute, l'autre basse, se partialise
« au moindre trouble, parce que en la basse
« sont les catholiques, en la haute ceux de la
« religion. On s'y bat, on s'y brûle; le cours de
« la justice est interrompu, et les dossiers s'é-
« garent et disparaissent. »

De Chambre, un moment enchanté de sa ruse parce qu'il crut toucher au succès, n'avait pas cependant tardé à reconnaître et à s'avouer qu'il était la dupe des Bayonnais.

Tout d'abord,

Honteux comme un renard qu'une poule aurait pris,
Serrant la queue et portant bas l'oreille,

il se crut perdu ; mais la colère prenant le dessus et surexcitant son âme défaillante, il court à Peyrehorade, et tombe en pleine enquête armé d'un nouvel acte de récusation contre M. de Melleville, tant en son *privé nom* qu'au nom des officiers, jurats et habitants de Tartas.

« Nous vous récusons, porte l'acte, parce « que :

« 1.° Le mercredi avant votre départ de « Bayonne les eschevins vous envoyèrent, par « un valet ou sergent, un saumon de présent « *que vous reçûtes.*

« 2.° Vous vous laissez accompagner dans « votre enquête par sept ou huit des plus apparents de la ville, qui vous suivent avec « deux chevaux chargés de bouteilles de vin, « de viandes, etc. Le sieur de Segure vous desfraie aux hostelleries ; vous n'avez qu'un logis « et qu'une table avec les Bayonnais.

« 3.° Vous faites une enquête par les témoins « que les sieurs de Lespès, Romatet, Duvergier de Hauranne et autres, subornent à

« l'avance, et vous y prêtez la main, n'écrivant
« que les dépositions favorables.

. « 4.º Vous avez permis que M. de Sansac,
« lieutenant de M. de Gramont, courust le pays
« en intimidant les jurats et les habitants.
« Vos compagnons de route en font autant
« avec votre autorisation.

« 5.º Vous faites arrêter des témoins pour
« les obliger à déposer.

« 6.º Votre enquête est secrète, *car vous*
« *nous dérobez votre marche. Ainsi étant à*
« *Saint-Vincent, partie de votre troupe a pris*
« *par le chemin de Bayonne, vous par le che-*
« *min d'Aqs, et d'autres par un autre chemin,*
« *et tous vous êtes arrivés à Peyrehorade à*
« *point nommé.* »

En vérité, s'il nous était permis de nous
prononcer dans une affaire enterrée sous la
poussière depuis plus de deux siècles, nous serions tenté de prendre à partie M. de Melleville
et de le quereller sur sa patience et sa placi-
dité.

« Acte de vos récusations est donné, » dit-il
simplement, quand l'audacieux lieutenant de
Tartas eut achevé la lecture de son impudent
factum.

Au fait cela valait mieux peut-être.

Après avoir dîné à Peyrehorade, le commissaire enquêteur passa l'Adour en bateau, et se dirigea sur le village de Saint-Laurent, où habitait M. de Bedorède, bon gentilhomme, jouissant dans le pays de Gosse et de Seignanx d'une grande influence. Etienne de Bedorède, écuyer, sieur dudit lieu et de Northon, avait figuré, on se le rappelle peut-être, dans la protestation qu'avait déposée à Saint-Esprit, au nom de la noblesse, le notaire Capdeville, et c'est pour cette circonstance spécialement que M. de Melleville désirait avoir l'honneur de recevoir sa déposition. Il la reçut en effet, et la rédigea dans les termes suivants :

« Lequel M. de Bédorède nous a déclaré
« qu'encore que par ci-devant il eût signé une
« procuration pour s'opposer à l'effet de notre
« commission, laquelle lui avoit été portée
« par le sieur de Chambre et un nommé San-
« guinet, assistés du notaire Capdeville, lors-
« qu'il étoit en sa maison de *Northon* malade
« au lit, lui disant *que c'étoit pour quelqu'un*
« *qui se vouloit emparer de la juridiction con-*
« *tre la volonté du roi*, et qu'il étoit raisonna-
« ble de s'y opposer; même lui en a fait pas-
« ser encore une autre le 7.e de ce mois, ça
« lui semble, sur le chemin en venant de

« Northon... Mais à présent qu'il a entendu
« la theneur de l'article présenté au roi par
« la ville de Bayonne, il révoque toute procu-
« ration, et veut dire la vérité qui est..... »
tout ce qui pouvait être dit de plus concluant
en faveur de l'annexion.

Ainsi donc les soupçons qu'avaient pu faire
naître les scènes de début à Saint-Esprit, de-
venaient une réalité saisissante, palpable, sous
la parole loyale de ce brave gentilhomme
campagnard, peu lettré, peu soucieux des
affaires, mais inébranlable dans ses sentiments
de fidélité au roi. La protestation présentée au
nom de la noblesse par le notaire Capdeville
n'était qu'une œuvre de surprise et de décep-
tion.

A l'exemple de M. de Bedorède, les villages
de Saint-Laurent, Sainte-Marie, Saint-André
et Biarrotte, témoignent unanimement en
faveur de l'annexion. Partout les curés se pro-
noncent dans ce sens; partout aussi les jurats
protestent contre le rôle qu'on leur a fait jouer
en de certaines procurations. Le 21, M. le commissaire se rendit à Biaudos, et y réclama entr'autres la déposition de M. Alexandre de
Biaudos, écuyer, sieur dudit lieu, lieutenant
pour le roi au gouvernement de la ville d'Aqs

et pays circonvoisins. Elle nous semble très-
significative.

« Il ne croit pas qu'il y ait aucun habitant
« desdites juridictions qui die autrement et ne
« le souhaite, pourveu *qu'ils aient leurs voix*
« *libres...* Tous les habitants vont à Bayonne
« chaque jour de marché; il les voit passer par
« centaine devant sa porte. Ils y vont pour
« vendre tous leurs produits : blés, vins, bes-
« tiaux, volailles, laitage, et *jusqu'aux herbes*
« *du pot.* »

De Biaudos M. de Melleville gagna Saubrigues avec l'intention d'y coucher.

Saubrigues peut être aujourd'hui un séjour
plein de charmes ; mais en l'année 1618, on
n'y rencontrait qu'une seule maison habita-
ble : c'était celle de Jehan de Bessabat,
écuyer, sieur dudit lieu et de Saubrigues.
Force fut au commissaire enquêteur, à défaut
d'hôtellerie convenable, d'y accepter l'hospi-
talité ; mais, par des raisons analogues, le lieutenant Thomas de Chambre s'y était déjà ins-
tallé. Qu'on se figure la nuit que passèrent
sous ce toit hospitalier Tartasiens et Bayonnais, Guelfes et Gibelins, Bessabat surtout,
le maître du lieu, l'hôte commun ! Il avait
signé, à l'instigation de de Chambre, la fameuse

protestation de Capdeville, et le lendemain il devait déposer devant M. de Melleville sous la foi du serment !

Les difficultés d'une situation aussi bizarre, se reflétèrent nécessairement dans le témoignage de cet honnête gentilhomme; mais, par cela même, ce témoignage n'en paraît avoir que plus de prix.

Jehan de Bessabat dépose:

« Sur le subjet de cette affaire, environ la
« fin d'octobre ou mois de novembre, ça lui
« semble, il fut prié par le sieur de Chambre,
« lieutenant de Tartas, et le sieur de Montho-
« lieu, lequel depuis peu a marié sa fille avec
« le fils du juge de Seignanx (y étoient aussi
« le procureur du roi de Tartas, le juge de
« Gosse et le sieur de Montauser), de signer
« une protestation avec eux, afin que les ap-
« pellations des juridictions de Gosse, Sei-
« gnanx et Marempne permeurassent à Tar-
« tas, et n'allassent pas à Bayonne; laquelle
« procuration lui, déposant, signa *pour l'a-
« mour d'eux;* et encore le jour d'hier en signa
« une, à pareil subjet, dans la cour de son
« logis, laquelle lui fut envoyée par le sieur
« de Montholieu et apportée par un notaire
« nommé Capdeville, lequel lui dit que le

« sieur de Montholieu lui envoyoit cela à si-
« gner; et voyant que ladite procuration
« étoit signée du sieur de Montholieu et du
» sieur de Bedorède, il la signa aussi, et étoit
« environ deux heures du matin. De la façon
« que de *la révoquer à présent, il estime qu'il*
« *iroit de son honneur.* Sait bien toutefois
« que la vérité est que *la ville de Bayonne*
« *est celle qui est la plus commode pour ce*
« *pays, et en laquelle les habitants du pays*
« *fréquentent le plus, et y vont vendre tous*
« *leurs fruits et denrées, mesmes y achètent*
« *toutes leurs provisions et nécessités, mais*
« *ne veut rien dire autre chose.* »

De nombreux témoins furent entendus à Saubrigues après le sieur de Bessabat, parmi lesquels :

Pierre de Labadie, curé;

Etienne Destrieubat et Arnaud de Caze-nave, jurats;

Augier du Tey, écuyer.

Ce dernier formula de vives plaintes contre les juges des baronnies, qui *causoient seuls toute cette émotion.*

Les paroisses d'Orx et de Saint-Jean-de-Marsacq, où M. de Melleville se transporta aussitôt, se montrèrent également très désireu

ses de se voir annexées au sénéchal de
Bayonne. Jehan de Montauser, sieur du Bra-
nar, écuyer, les curés et vicaires, les jurats et notaires royaux, s'exprimèrent à cet
égard dans les termes les plus précis.

Mais c'est au village de Saint-Martin-de-
Hinx que l'intrigue de Tartas devait recevoir les plus rudes coups.

Que nos lecteurs veuillent se reporter, par
le souvenir, aux premiers jours de cette
mémorable enquête; ils n'auront peut-être
pas oublié les protestations solennelles qui
furent faites à Saint-Esprit au nom de
Gosse, Seignanx et Marempne; les actes au-
thentiques qu'apportèrent des notaires royaux
pour constater le vœu des populations:
ils n'auront pas oublié non plus que Bertrand Daranguissen, l'un de ces notaires,
avait déposé, au nom des jurats de Gosse,
une procuration signée entre autres du nom
de Jehan de Sallejuzan; que cette procuration, faite à Saint-Martin-de-Hinx, portait
la date du 8 février, et enfin qu'elle était
présentée à M. le commissaire-enquêteur à
Saint-Esprit le 10 du même mois.

En bien! quand, flairant sous cette encre
encore fraîche une trahison — disons le mot,

une bonne et franche friponnerie — M. le
syndic Lasserre la signalait sans hésitation,
il était dans le vrai : Daranguissen n'avait
pas de procuration ; Daranguissen l'avait fa-
briquée sans mandat, presque au moment
de la remettre, sous l'œil de M. Thomas de
Chambre, dans l'auberge d'Augier de Camiade, à l'*Escu de France*.

Ecoutons Sallejuzan, jurat de Saint-Martin-
de-Hinx :

« A dit que *le 10 du dit mois de février*
« *au soir*, le juge de la dite juridiction ve-
« nant de Bayonne, lui avoit dit en sa
« maison qu'il eust à se trouver le lende-
« main, 11, une heure après le soleil levé,
« à la maison de lui, juge, en laquelle il
« feroit aussi assembler les autres jurats de
« la juridiction ; et y estant allé, lui dé-
« posant, il y auroit trouvé les jurats des
« huit paroisses de Gosse, auxquels le dit
« juge auroit fait entendre qu'il venoit de
« Bayonne, où il avoit trouvé assemblés
« les juges, ensemble *les jurats de Seignanx*
« *et de Marempne*, où estoit aussi la dame de
« Saint-Martin, lesquels auroient tous passé
« procuration par-devant ung commissaire
« que les appellations de leurs justices n'allas-

« sent pas à Bayonne, et faire en sorte
« qu'elles demeurassent à Tartas ; que la
« noblesse de cette juridiction de Gosse en
« avoit aussi passé une à mesme effet ; qu'il
« vouloit vivre et mourir avec eulx, et s'ils
« en vouloient pas faire de mesme à leur
« imitation, et se tenir ensemble unis avec
« la noblesse et lui mesme? Lui montrant un
« papier où il disoit qu'ils avoient signé, il
« lui dit que pour ce papier ceulx de Tartas
« se contenteroient d'une pièce de dix sols,
« mais que ceulx de Bayonne n'en feroient
« pas de mesme ; que dans dix ans la plupart
« des terres de la juridiction de Gosse seroient
« toutes métairies de Bayonne ; que le blé
« qu'ils y porteroient seroit vendu suivant leur
« volonté, et plusieurs autres discours qu'il fit,
« en sorte *qu'il fit signer la dite procuration,*
« *sans dire la date ;* et sur ce que, lui dépo-
« sant, auroit remontré audit juge qu'il fal-
« loit *en communiquer au peuple,* lui auroit
« dit le juge qu'il suffisoit qu'il signât, et sur
« la difficulté que lui, déposant, en auroit
« faite, ledit juge lui dit qu'il le chasseroit
« de la juridiction comme une brebis ga-
« leuse. »

Est-ce clair ! c'est le 11 février seulement

que les jurats de Gosse ont été réunis pour
souscrire une procuration ; c'est en revenant
de Bayonne que M. le juge royal de Gosse pro-
voque la réunion, fait signer l'acte notarié EN
LAISSANT LA DATE EN BLANC ! Honnête juge ! honnête notaire !

Georges de Chicot, autre jurat de Saint-
Martin, vint confirmer dans tous ses points la
déclaration de son collègue Sallejuzan.

Enfin l'honnête notaire en personne Bertrand Daranguissen, celui qui répondait si
fièrement à M. le syndic Lasserre, à propos de
l'acte authentique dont nous nous occupons,
« que ceux qui veulent le disputer s'inscri-
vent en faux ; » celui-là même, soit remords,
soit frayeur, déposa en des termes dont le
vague embarras qu'ils renferment trahit plus
sûrement le sens vrai.

« Ci-devant le 10 février il a apporté, dit-il,
« à Saint-Esprit une protestation de ceux de
« Gosse, il *s'en désiste* parce qu'il savoit que
« *tous la révoquent.* »

L'enquête de Saint-Martin-de-Hinx met-
tait fin aux opérations de M. le commissaire
de Melleville dans les deux baronnies de Gosse
et de Seignanx. En même temps qu'elle avait
mis à nu de bien tristes menées, elle cou-

ronnait par un véritable triomphe la cause des amis de l'annexion ; aussi M. de Melleville et les Bayonnais n'hésitèrent-ils pas à rentrer à Bayonne pour s'y reposer pendant les jours gras, sauf à tenter ensuite une nouvelle excursion dans le pays de Marempne, si les nouvelles qu'on ne manquerait pas d'en recevoir laissaient jour à quelque espérance.

Les jours gras passés, et quoique les avis reçus de Marempne ne fussent guère rassurants, M. de Melleville, voulant jusqu'au bout accomplir sa mission, se remit en route. Il visita successivement Benesse, Saubusse, Saint-Vincent, Seignosse, Angresse, Saint-Geours. Mais presque partout les maisons étaient fermées. C'eût été folie que de persister. M. de Melleville, après avoir recueilli de çà, de là, quelques dépositions insignifiantes, dont le fonds invariable était *qu'on voulait ce qu'il plairait au roy ordonner*, regagna Bayonne le cœur sans doute plein de dégoût pour ce malheureux pays de Marempne, où la stupidité des populations ne se pouvait comparer qu'à la trop grande habileté des hommes de justice.

V

Les résultats de l'enquête furent portés à la connaissance du corps-de-ville le 23 mars 1618 par le lieutenant de maire Sorhaindo.

« Plus de trois cents suffrages, disait-il
« dans son rapport, avaient été recueillis; la
« volonté du pays dont l'annexion au séné-
« chal de Bayonne était réclamée, s'était pro-
« noncée à l'unanimité en faveur du projet.
« Le succès était certain. »

Séance tenante, MM. de Lespès, lieutenant-général du sénéchal, et de Nyert, avocat, reçurent la mission d'aller poursuivre à Paris la solution de cette importante affaire.

Cependant une ligue des plus formidables s'était formée contre Bayonne. Déjà, comme l'éclair précurseur de l'orage, se manifestaient autour de la cause bayonnaise des signes de mécontentement et de désaffection. M. Dibarboure, l'agent que la ville entretenait à Bordeaux; celui-là même qui avait décidé M. de Melleville à se charger de l'enquête, écrivait

dès le 11 mars, c'est-à-dire avant que la députation pour Paris n'eût été désignée :

   « Il y a trois jours passés que M. de Melleville
« a parti de cette ville (Bordeaux), ce fut
« jeudi matin. Je n'ai pas trouvé qu'il ait fait
« nulle sorte de difficulté à me faire la copie
« du procès-verbal ; au contraire, il m'a témoi-
« gné de vous vouloir toujours servir aux oc-
« casions qui s'en présenteraient... Il m'a
« témoigné véritablement fort de ressentiment
« de la bonne chère qu'il a reçue, et m'en a
« parlé avec tant de reconnaissance, qu'il
« avoue avoir connu que vous étiez bien dis-
« posés à lui rendre encore de meilleurs trai-
« tements *si la disposition des affaires le vous*
« *eust permis. — Mais, après cela, il me fit re-*
« *proches de quoi j'avais employé en son en-*
« *droit les pistoles à six sols; cela vient de ce*
« *que, en ma présence même, il les voulut em-*
« *ployer, et il ne les put mettre qu'à quatre*
« *sols.* Son secrétaire est parti prou mal satis-
« fait ; il s'attendait, à ce qu'il m'a fait dire, à
« une centaine de pistoles... *Il y a du monde*
« *qui est bien piqué de quoi vous n'avez fait*
« *exécuter la commission par un conseiller de*
« *ce parlement; M. le Premier s'en est plaint;*
« *M. le procureur-général ne s'en est pu tenir.*

7

« De mes amis m'ont dit que je devais être en-
« voyé chercher pour ouïr les reproches; mais,
« outre que j'espère les satisfaire de raisons, »
etc.

Cette lettre ne jetait que trop de clarté sur
la situation.

Le parlement de Bordeaux était vivement
blessé que les Bayonnais, à qui le roi avait
laissé l'option, eussent préféré, pour leur enquête, le conseiller du roi M. de Melleville à
l'un de ses membres. Donc le parlement était
devenu pour eux un adversaire.

Fallait-il beaucoup attendre de M. de Melleville lui-même? Il partait avec des idées
peu flatteuses à l'endroit de la générosité et de
la délicatesse d'une ville plus prodigue de promesses que d'écus, et qui prisait si haut son
argent qu'elle cotait à six sols ses pistoles à
l'heure où les changeurs de Bordeaux les né-
gociaient à quatre sols seulement.

Et le secrétaire de M. de Melleville, celui
qui revenait de l'enquête *prou mal satisfait*,
quel auxiliaire dévoué pour messieurs de
Bayonne !

Par une fâcheuse coïncidence, des évènements d'une nature tout intime vinrent para-
lyser l'action de la ville dans un moment où,

pour assurer la réussite de ses projets, elle
n'eût pas eu trop de toutes ses forces comme
de toutes ses influences.—Elle se brouille avec
M. de Gramont, son protecteur, son unique
protecteur, en chicanant des travaux d'em-
bellissement qu'il avait entrepris au Château-
Vieux. —Enfin une scission des plus violentes
éclate à propos des prérogatives, au sein même
de la cité, entre les échevins et jurats, d'un
côté, et les conseillers magistrats, de l'autre :
ceux-ci représentant les corporations ouvrières, ceux-là le haut commerce et la bourgeoisie.

Telle est la conjoncture que M. Thomas de
Chambre, l'habile lieutenant de Tartas, s'em-
pressa d'exploiter pour la plus grande confusion de ses ennemis.

Fort de l'appui que trouverait à Paris la
cause tartasienne, autant dans la bienveillante
influence de M. le marquis de Poyanne que
dans l'abstention rancunière de M. de Gramont, certain dès-lors d'y tenir en échec les
députés de Bayonne, lesquels, par parenthèse, en leur qualité d'officiers royaux, incli-
naient volontiers du côté du parlement, le
lieutenant de Chambre ne perd pas une minute
et ouvre les hostilités.

A son instigation, les chanoines de la collégiale de Saint-Esprit assignent la ville de
Bayonne à comparaître devant le parlement de
Bordeaux pour ouïr déclarer que la vente de la
seigneurie de Saint-Esprit par eux consentie
l'année 1594 était nulle et de nul effet faute
d'homologation royale.

Cette assignation fut traitée fort légèrement
à Bayonne. — « Tant mieux ! » disaient les
bourgeois; « nous serons dispensés de payer
« à MM. les chanoines la rente des 1,200....
« que nous a coûté la justice de ce quartier;
« mais, grâce à l'annexion, nous la rattrap-
« perons sans bourse délier. »

La première partie de cette proposition
se réalisa presque immédiatement.

Le 17 septembre on apprit en ville que
les chanoines avaient obtenu un arrêt favorable, que l'acte de vente de l'année 1594
était annulé; que les parties étaient remises au même et semblable état où elles se
trouvaient auparavant, et qu'en conséquence
la collégiale devait être réintégrée dans la
possession PROVISOIRE du droit de justice à
elle accordé par arrêt du parlement en date
de 1588.

Bientôt après revinrent de Paris MM. de

Lespès et de Nyert, rapportant de leur
mission les nouvelles les plus décourageantes.
Aux plans magnifiques, aux illusions
décevantes, succéda la réalité froide et nue.
La campagne entreprise avec tant d'enthou-
siasme et de fracas était décidément per-
due pour les Bayonnais ! C'était à recommencer !

VI

Nous avons insisté avec trop de complaisance
peut-être sur les particularités de l'enquête
confiée à M. de Melleville ; le but que nous
poursuivions nous servira d'excuse : il nous
convenait de mettre en lumière les sympathies
sérieuses, réelles, nées d'un intérêt bien entendu, et aussi les habitudes traditionnelles qui,
au XVII.ᵉ siècle, comme aujourd'hui encore,
entraînaient vers Bayonne les populations
groupées sur la rive droite de l'Adour. Et puis,
au point de vue restreint de cette Étude, le
dernier épisode que nous venons de retracer
méritait d'être noté avec quelque soin, car il
s'en dégagea une situation qui ne fut modifiée

qu'à la révolution de 1789. Ainsi jusqu'à la constituante les chanoines de la collégiale conservèrent, *quoique à titre provisoire*, un pouvoir juridictionnel sur le quartier de Saint-Esprit, en même temps que le corps de ville de Bayonne continua, par l'organe de son clerc, à exercer sur les habitants de Saint-Etienne les droits de justice haute, moyenne et basse.

Il nous reste maintenant à présenter le tableau de luttes nouvelles qu'eut à soutenir Bayonne contre son faubourg; le trait qui les distingue des précédentes, c'est qu'à un moment donné la population de Saint-Esprit entrera dans la lice, et se mêlera à l'action comme pour lui donner un accent d'originalité.

Jusqu'ici, on a pu le remarquer, les chanoines de la collégiale ont seuls comparu dans tous les débats judiciaires avec la ville de Bayonne; rien n'a révélé autour d'eux l'existence d'une population quelconque. Du côté de Bayonne on sent la vie qui circule; un souffle de patriotisme local pousse à la lutte l'artisan comme le bourgeois. Au conseil, sur la place publique, c'est bien là une population qui agit, délibère, se passionne enfin pour des questions d'un intérêt commun. De l'autre côté, au contraire, se dessinent, dans un complet isolement, les figures d'une douzaine d'hommes achetant, vendant, trafiquant, plaidant; on n'aperçoit que la collégiale, un propriétaire jaloux de son patrimoine, une pure individualité.

La raison de cet isolement des chanoines, nous l'avons déjà indiquée. Autour de leur église collégiale on voyait sans nul doute s'élever des habitations où des gens trouvaient un abri; mais cela ne constituait pas encore une ville, ni un bourg, ni une paroisse, en un mot un groupe distinct du groupe bayonnais. A part les vignerons, qui se confondaient même avec ceux de Saint-Etienne, le territoire restreint de Saint-Esprit ne présentait que des magasins, hangards, etc., exploités par le commerce de Bayonne, ou de méchantes masures, asile des plus pauvres ouvriers des corporations de cette ville. Vignes et immeubles, tout appartenait à des Bayonnais : les Maubec, les Duvergier de Hauranne, les Monferrand, les Lespès de Hureaux et les Romatet, dont les noms ont déjà trop souvent retenti à l'oreille de nos lecteurs. Et MM. les chanoines qu'étaient-ils eux-mêmes? Les cadets des plus notables familles bayonnaises, qui, comme le célèbre abbé de Saint-Cyran, faisaient leur stage à la collégiale afin d'arriver au chapitre plus honoré et *plus riche* de la cathédrale. Aussi, malgré les obligations du service divin qui les appelaient chaque jour *au-delà du pont*, ils n'en continuaient pas moins à résider dans la maison paternelle, et choisissaient parmi les membres du barreau de leur ville natale les officiers qu'ils déléguaient pour exercer dans *leur seigneurie* ce droit de justice source de tant de contestations.

N'oublions pas enfin que, sous le rapport spirituel, Saint-Esprit n'était qu'une fraction de paroisse, et faisait partie de la cure de Saint-Etienne.

Evidemment des circonstances pareilles n'avaient pu constituer l'antagonisme d'une population contre une autre; il faut voir simplement dans ces procès et ces violences des querelles de famille, querelles de lucre et d'amour-propre si l'on veut! mais rien de plus! A l'avenir les choses vont changer d'aspect!

VII

L'arrêt du parlement de Bordeaux en vertu duquel la collégiale avait fait annuler la vente de son droit de justice sur Saint-Esprit, parvint à Bayonne au moment où cette ville se trouvait absorbée par les plus graves préoccupations. Aussi, quoique MM. les chanoines eussent accompagné leur prise de possession *provisoire* de beaucoup de tapage et de défis presque insolents, les magistrats bayonnais crurent prudent de recourir à des négociations, et prièrent M. de Lespès *de voir si les affaires se pouvaient terminer par la paix.* Ceci se passait en novembre 1618.

Les négociations n'aboutirent à rien. Enorgueillis de leur dernier succès, et, il faut le croire, poussés par les intrigues des de Chambre et autres adversaires des Bayonnais, les chanoines, fermant l'oreille à tout accommodement, n'eurent plus qu'une pensée : réaliser d'une manière complète, définitive, la séparation de Bayonne et de Saint-Esprit, et, pour

cela, mettre en contestation tous les droits
anciens, susciter difficultés sur difficultés,
élever une montagne de procès.

A cet effet, ils plantent leur potence dans
le fond même de la ville, sur un point de la
rive droite baigné par le flot de la marée mon-
tante. C'était une atteinte à un droit qui n'avait
jamais été contesté par qui que ce soit : les
titres les plus positifs établissaient que la ville
de Bayonne avait juridiction sur l'Adour depuis Capbreton jusqu'à Hourgare, et, en conséquence, sur les bords du fleuve jusqu'à la
limite extrême où atteignait la plus forte marée
du mois de mars.

Puis ils créent un corps de *braïmans* ou
rouleurs, en opposition avec la corporation
de la ville, pour marquer qu'ils veulent attaquer Bayonne dans son industrie capitale : le
commerce des vins.

Ce n'est pas tout. Le 13 mai 1619 notre
vieille connaissance Pierre de Hiribarren,
doyen de la collégiale, accompagné du chanoine Etienne de Villenave et de Jean de Gestas, avocat, juge à Saint-Esprit, se présente
en conseil, et déclare que la collégiale est dé-
cidée à ne plus permettre *qu'à aucun titre* les
Bayonnais exercent un droit juridictionnel
sur les habitants de Saint-Esprit.

« Vous vous opposez, dit-il, à ce que nos
« habitants déchargent librement chez eux les
« vins et cidres nécessaires à leur provision.
« *Vous les violentez et pignorez* quand ils vont
« faire le guet en ville. A l'avenir vous ne ferez
« telles choses sans nous demander permis-
« sion à nous, comme seigneurs. »

Quelques jours après cette déclaration,
le corps de ville apprenait, par un de ses
échevins, que le juge de Saint-Esprit avait
fait publier et afficher un placard ou ordonnance portant défense aux habitants de
venir faire le guet à Bayonne. C'était si peu
croyable qu'on envoya M. Duvergier de Hauranne s'en informer auprès des chanoines,
avec lesquels, à cause de son frère, il
conservait d'intimes relations; et cependant
le fait était vrai. Il était vrai aussi que,
pour affirmer les droits qu'ils prétendaient
avoir, les chanoines venaient de faire dé-
barquer *en temps prohibé*, et par un de
leurs affidés, le nommé Jehan de Larraset,
du vin et du cidre arrivés de l'étranger !

On dirait qu'à la vue de toutes ces violences, les Bayonnais s'étaient laissé sur-
prendre par le découragement. Ces mêmes
hommes, que nous avons vus si jaloux de

leurs prérogatives, si ardents, si prompts à les revendiquer, ne formaient plus que des vœux de paix et de réconciliation.

Cette situation, évidemment forcée, ne pouvait pas durer; personne n'était *dans son vrai ton :* les chanoines montraient trop de violence; leurs adversaires étaient trop patients.

« Le 15 juin 1620 fut lue une requête
« présentée par les claviers du territoire de
« Saint-Esprit, narrative que le juge ordi-
« naire du dit lieu, à la requête du procu-
« reur juridictionnel, leur a fait deffense
« de sortir hors la juridiction avec armes;
« pour l'explication desquelles deffenses, les
« dits suppliants auroient baillé requête au
« dit juge, aux fins de déclarer s'il enten-
« doit *qu'icelles* dites deffenses s'entendissent
« sur le guet ordinaire qu'ils ont accoutumé
« faire en cette ville tous les soirs, ensemble
« sur les armes qu'ils ont aussi accoutumé
« de porter le jour du Sacre; lequel juge
« auroit déclaré qu'il n'entendoit empêcher
« *pour le guet*, mais bien pour le jour du
« Sacre. »

Il ne s'agissait ici que d'une simple vexation, puisque le droit de requérir le guet n'était pas contesté; mais le corps de ville s'émut à la plainte de ces pauvres claviers, qui demandaient presqu'à genoux de ne pas être séparés de leurs frères le jour de la Fête-Dieu, dans cette magnifique procession que les corps de métiers avaient le privilége séculaire d'escorter en armes.

Immédiatement on fait signifier au dit juge que « si cas estoit qu'il procédoit par « aulcune procédure ou capture contre les « dits vignerons, soldats du Sacre, qu'il « sera procédé contre lui et tous autres par « la force pour se maintenir en leurs an- « ciennes possessions, plutôt que de per- « mettre qu'un juge de telle qualité que « celui-là ait le pouvoir de faire revenir à « fait ses nouvelles et frivoles fantaisies « contre et au préjudice du service du roy, « et ancien ordre de la ville pour la garde « de la dite ville. »

La menace produisit son effet. Au jour du Sacre, les vignerons de la rive droite de l'Adour, conduits par leurs claviers, descendirent en armes des coteaux de Saint-Etienne et de Saint-Esprit, et, suivant l'expression du temps, *les quatre portes figurèrent,* comme par le passé, à la procession de la

Fête-Dieu avec les *ciris* de leur profession (les *ciria* des fêtes romaines).

Mais une nouvelle vexation était réservée à ces braves vignerons dans la personne de leur clavier Jehan le Bon Duhan. Celui-ci, par l'ordre du corps de ville, et conformément à un usage traditionnel, avait fait la visite des vignes de son quartier. Gestas, le juge de Saint-Esprit, rend pour ce fait sentence contre lui, déclare qu'il a ainsi porté atteinte à la juridiction de la collégiale, et ordonne qu'il sera procédé à son égard par saisie de biens et prise de corps.

Duhan s'échappe de Saint-Esprit au moment où le bayle va lui mettre la main au collet, et se réfugie en ville, où il dépose sa plainte. Cet acte met le comble à l'exaspération des bourgeois bayonnais. Vite le lieutenant de maire dépêche le capitaine du guet, avec six soldats. M. le juge Jehan Gestas, avocat, est mis en prison, et il n'en sort qu'après avoir demandé grâce et merci.

Pourquoi donc, quand on se chargeait de rendre la justice aux gens de Saint-Esprit, s'avisait-on d'être bayonnais et de demeurer à Bayonne?

Comme il fallait en finir avec toutes ces

taquineries, si c'était possible, la ville se
résigna à courir de nouveau les chances
d'un procès en cour de parlement. Elle
attaqua, ou plutôt fit attaquer par le fermier de l'impôt sur les vins, le nommé
Jean Larraset, cet affidé qui avait débarqué
à Saint-Esprit des vins étrangers sans vouloir en acquitter les droits. On devait s'y
attendre : la collégiale prit parti pour
Larraset; à son tour, Bayonne intervint pour
le fermier. Ce fut une véritable mêlée; on
s'y dit force injures; mais enfin, le 16 juillet
1629, un arrêt vint récompenser le courage des Bayonnais, et leur montrer que, si
le parlement les avait naguère traités avec
quelque rigueur, ce n'était pas de parti
pris.

L'arrêt porte que :

« Bernard de Hirigoyen, prêtre-chanoine, ex-
« doyen, défendeur (Hiribarren probablement
était décédé), « en présence de Pierre Duver-
« gier de Joannis, bourgeois et marchand de
« la ville de Bayonne, ex-premier échevin
« d'icelle, a dit qu'il tient le dit Duvergier
« pour un homme de bien et d'honneur, et
« non de la qualité portée par les charges
« et informations... Au surplus, la cour dé-

« clare les habitants de Saint-Esprit obligés
« et contribuables au payement de la somme
« de sept sols six deniers ordonnés être
« levés par chaque barrique de vin, » etc.

En somme, dans cette première lutte les
Bayonnais parvinrent à sauvegarder, contre les
empiètements des chanoines, et grâces à la
population de Saint-Esprit elle-même, le droit
d'y requérir le guet et d'y surveiller leurs
vendanges, sans parler du gain du procès au
sujet de l'imposition mise sur les vins.

La fin du règne de Louis XIII, la Fronde et
ses mazarinades occupèrent assez les esprits
pour que MM. les chanoines de la collégiale et
leurs voisins les bourgeois de Bayonne missent
un peu de côté leurs sujets favoris de querelles et de contestations judiciaires. Une
question surtout les passionna au plus haut
degré.

(1) « Aux portes de Paris, le XVII.ᵉ siècle
« voyait une dernière reproduction des austéri-
« tés de la Thébaïde. Livré long-temps à l'oiseuse
« existence des couvents vulgaires, Port-Royal
« tomba sous la direction de la famille d'Ar-

(1) Demogeot, *Histoire de la Littérature française.*

« naud, le célèbre avocat de l'Université contre
« les jésuites en 1594. Mais ce fut le monas-
« tère qui conquit la famille : la jeune Angé-
« lique-Jacqueline, nommée abbesse à sept ans
« et demi par des influences toutes mondai-
« nes, fut touchée de la grâce, et entreprit la
« réforme du couvent. Cinq de ses sœurs, ses
« six nièces, sa mère elle-même, devinrent ses
« filles spirituelles. Bientôt l'*inflexible Saint-*
« *Cyran* fut reçu comme directeur à Port-
« Royal, et y imprima le sombre caractère
« du jansénisme. Près de lui vinrent se ranger
« toute une colonie d'illustres pénitents, trois
« frères de la mère d'Angélique, Lemaître, son
« neveu et célèbre avocat, avec les deux frères
« Sericourt et Sacy Nicole, Lancelot, cet admi-
« rable chef des petites écoles, et enfin An-
« toine Arnaud, le Grand Arnaud, le plus
« jeune frère de la réformatrice, le savant et
« impétueux docteur dont la condamation en
« Sorbonne devint l'occasion des *Provincia-*
« *les.* »

L'abbé de Saint-Cyran était ce Jehan Duvergier de Hauranne que nous avons vu chanoine de la collégiale de Saint-Esprit, en
même temps que son ami Corneille Jansen,
maître Corneille comme on l'appelait, diri-
geait à Bayonne les écoles publiques.   8

La doctrine de ces ardents controversistes avait trouvé parmi les Bayonnais de nombreux adhérents : on ne parlait à Bayonne que de la grâce, on n'y jurait que par saint Augustin, et les vieilles bibliothèques de notre ville, toutes pleines d'écrits jansénistes, témoignent encore des triomphes qu'avait remportés au sein de notre bourgeoisie ce luthéranisme français, qui ne prétendait à rien moins qu'à réformer l'église sans porter atteinte à son unité.

C'est précisément dans le but de frapper au cœur leurs adversaires, et de se battre dans leur plus forte citadelle, que les jésuites résolurent de s'établir au collége de Bayonne. L'entreprise était hardie; mais est-il quelque chose au dessus du zèle téméraire qui a toujours animé l'active milice de saint Ignace? Les Pères Baile, Binet et Boort vinrent successivement, sous le haut patronage de M. de Gramont, prêcher des missions à la cathédrale. Au début ils obtinrent quelques succès; la majorité du corps de ville, séduite par les charmes de leur prédication, allait même leur confier l'enseignement de la jeunesse, lorsqu'à la suite d'une manifestation populaire organisée par les Sorhaindo et les

Duvergier, ou du moins chaudement appuyée de leurs sympathiques efforts, ce projet croula, et les jésuites furent obligés de quitter la ville.

Comme Bayonne tenait pour Jansen, les chanoines de la collégiale devaient nécessairement incliner vers Loyola. « Venez à Saint-« Esprit, puisque les Bayonnais vous repous-« sent, » avaient-ils dit au père Dufresne, le chef d'une autre mission qui, après l'échec des Boort, Baïle et Binet, essaya, mais inutilement, de frapper aux portes de Bayonne; « nous y sommes seigneurs et maîtres, et « personne ne vous y troublera. »

Sans trop compter sur une protection qui pouvait être plus généreuse qu'efficace, le révérend père Dufresne, en homme prudent, voulut tâter ses voisins de la rive gauche. Dans ce dessein, il affecte de remuer quelques pierres sur la place de Saint-Esprit comme pour y élever une maison. Grand émoi dans la ville de Bayonne; ambassades réitérées à Bidache auprès de M. de Gramont, qui tient Saint-Esprit dans son gouvernement militaire. A la prière de ce dernier, le père Dufresne s'éloigna de quelques pas, gravit le coteau,

et transforma en oratoire la *villa* de Begogne.
Nouvelles ambassades, nouvelles négociations. M. de Gramont ne comprend rien ou
ne veut rien comprendre à l'effroi, à l'hor-
reur que semblent causer à une population
de 15 à 16,000 âmes ces trois ou quatre
robes noires de jésuites. Mal reçus de ce
côté, les membres du corps de ville s'a-
dressent à Mgr. l'évêque d'Aqs; leur voix
est mieux écoutée. L'aumônier de S. G. se
rend à Saint-Esprit, qui, on le sait, rele-
vait du diocèse d'Aqs; il supplie le père
Dufresne de renoncer à son projet d'établissement. Celui-ci résiste avec d'autant plus
d'énergie, qu'il est secondé dans sa résistance par un chanoine de la collégiale,
M. Delalande, bayonnais, cela va s'en dire,
lequel crie bien haut contre l'intrigue et
l'esprit de cabale des jansénistes, soutenant
que tout est apparence, fantasmagorie dans
la prétendue aversion du peuple bayonnais
contre les jésuites. On se dispute, on s'é-
chauffe; les mots d'*interdit* et d'*excommuni-
cation* partent comme une menace de la
bouche de l'aumônier. Rien n'y fait; menaces et supplications sont également im-
puissantes à vaincre la tenacité du jésuite.

Peut-être un grand scandale religieux allait-il
se produire !

Pendant que l'aumônier court à Aqs raconter son insuccès ; pendant que les magistrats bayonnais délibèrent et attendent, tout-
à-coup une masse d'artisans, appartenant aux
corporations de la ville, prennent les armes
comme dans un jour de danger, et, au mépris
des exhortations des échevins les plus honorés, ils courent à l'oratoire de Begogne, dont
ils enfoncent les portes, brisent en mille pièces tout ce qui leur tombe sous la main, ne
respectant, dans leur rage délirante, que les
vases sacrés et autres objets du culte, qu'eux-
mêmes rapportent ensuite à la cathédrale au
milieu d'un solennel recueillement.

Inutile d'ajouter que le révérend père
Dufresne avait pu s'enfuir, et qu'on ne le revit
jamais à Bayonne ni à Saint-Esprit (1656).

Mazarin, en apprenant ces déplorables
excès, écrivit des lettres foudroyantes. Les
premier et deuxième échevins furent mandés
à Paris pour y rendre compte de leur attitude
pendant les désordres. Sous des prétextes de
maladie ou d'affaires urgentes, ils éludèrent
le voyage, et firent bien. Le temps, qui efface
tant de choses, des protecteurs puissants (car,

dans cette occasion, plusieurs seigneurs de la cour prirent en main la défense des Bayonnais), calmèrent la colère du cardinal, et le jeune roi Louis XIV, que son mariage appela bientôt après au pied des Pyrénées, nous apporta un généreux pardon.

Cet épisode des jésuites, quoiqu'il ne touchât que de fort loin à notre sujet, nous a paru mériter de prendre place dans cette Etude; indice de l'esprit d'hostilité qui continuait à animer les chanoines de la collégiale contre les Bayonnais, il sert à faire pressentir que, loin d'être à la veille d'un traité de paix, nous devons nous attendre à d'autres combats.

Jamais les prétextes ne manquent à qui veut guerroyer; nos belliqueux voisins ne pouvaient tarder long-temps à rencontrer l'occasion qu'ils recherchaient.

Pendant le règne de Louis XIII, les finances municipales de Bayonne avaient été singulièrement compromises; hâtons-nous de dire, pour la bonne renommée des magistrats de cette époque, qu'il n'y avait nullement de leur faute. Attaquée dans ses revenus ordinaires par l'Etat, dont les besoins grandissaient chaque jour, la ville, au moment même où la di-

minution forcée de ses recettes lui comman-
dait des économies, s'était vue obligée de ra-
cheter très chèrement à la famille de Gramont,
pour ne point le laisser tomber en des mains
mercenaires, l'office de maire perpétuel, don
gracieux du roi *Vert-Galant* à l'adresse de la
belle comtesse Corisandre. Les fêtes splendides
célébrées à l'occasion du passage de Louis XIV,
achevèrent de déterminer la débâcle; on y
dépensa de soixante à quatre-vingt mille livres,
selon les évaluations les plus exactes, sans
compter le *don gratuit* de vingt mille livres
auquel Bayonne fut taxée pour contribuer,
avec les autres villes du royaume, à la dépense
du mariage.

A propos de ce don gratuit, il était même
arrivé quelque chose d'assez piquant.

« Le sieur premier eschevin a représenté
« que la ville ayant été taxée à la somme
« de vingt mille livres pour contribuer, avec
« les autres villes du royaume, à la dépense
« du mariage de S. M., et n'ayant pu, quel-
« que effort qu'elle ait fait, s'exempter du
« paiement de cette somme, soit par la con-
« sidération de ses priviléges, soit par celle
« de la grande et immense dépense qu'elle
« a faite pour honorer tant l'entrée de Sa dite

« Majesté que celle de la reine, elle vient
« d'être avertie qu'en conséquence le sieur
« de Seignans, bourgeois de cette ville, s'en
« revenant de la ville de Bordeaux, où il était
« pour des affaires, a été pris et capturé
« par des cavaliers inconnus, et conduit en la
« cité de Blaye, où il est de présent, suivant
« la lettre écrite par lui au corps de ville. Or,
« comme le dit sieur est arrêté pour l'intérêt
« public, et n'étant pas juste qu'il demeure
« plus long-temps en cet état, les dits sieurs
« du corps de ville ont trouvé à propos de faire
« la dite assemblée pour délibérer les moyens
« à résoudre sur la liberté du sieur de Sei-
« gnans, et ensuite sur ce qui doit se faire
« concernant les dites vingt mille livres de
« *don gratuit,* à quoi un chacun est d'autant
« plus obligé de contribuer que le même
« lui peut survenir qu'au sieur de Sei-
« gnans.... »

Seignans recouvra la liberté en échange
des 20,000 livres de *don gratuit* qu'il fallut
bien débourser.

Ecrasés, ruinés, ne sachant plus où donner
de la tête, les Bayonnais s'adressèrent directement au roi. Leur bilan était la page la plus
éloquente qu'ils pussent produire à l'appui

de leurs réclamations. Le roi écouta leurs doléances, et, par arrêt du 14 décembre 1671, ordonna l'établissement à Bayonne d'une taxe sur certaines denrées de consommation, dont le produit était destiné, sinon à éteindre la totalité de la dette, du moins à leur permettre de faire honneur aux obligations les plus immédiates, les plus pressantes.

Cet arrêt fut rendu nonobstant l'opposition des chanoines de la collégiale de Saint-Esprit-lès-Bayonne. On se demandera peut-être à quel titre et dans quel intérêt ils avaient pu intervenir; nous allons le dire.

En vertu d'un arrêt du parlement de Bordeaux du 7 septembre 1619, qui avait pour motifs les plus anciens priviléges concédés aux Bayonnais, tout marché était interdit sur la place publique de Saint-Esprit. Les denrées nécessaires à l'alimentation journalière de la population devaient être apportées directement à Bayonne, et exposées en vente sur le carreau de la place Notre-Dame. C'était là que tout aboutissait : grains, fruits, poissons, volailles, et jusqu'aux *herbes du pot*, comme disait M. de Biaudos dans l'enquête Melleville. C'était là que tout le monde, les gens de Saint-Esprit comme ceux de Bayonne, Saint-Léon et Tarride, devaient venir chercher leur approvisionnement.

Une taxe sur les denrées alimentaires frappait donc Saint-Esprit comme Bayonne, puisque des deux côtés il fallait aboutir à un marché unique.

Furieux de voir que, sans tenir compte de leur opposition, l'arrêt permettant l'établissement de la taxe était mis à exécution, les chanoines, après avoir agité divers projets, choisirent, tant la colère les aveuglait, celui qui, par sa simplicité, leur parut le plus heureux, le plus radical, le plus propre à berner les Bayonnais, et qui, en réalité était le plus absurde : ils se décidèrent, de leur autorité privée, à ouvrir un marché sur la place de Saint-Esprit.

Nous nous bornons à transcrire un procès-verbal du temps, c'est-à-dire de l'année 1675, qui relate tout au long la tentative de MM. les chanoines et ce qui advint. Ce fragment d'histoire locale nous le citons textuellement, de crainte d'en gâter les détails en l'habillant sans grâce à la moderne.

« L'an mil sept cent soixante-quinze et le « vingt-et-unième du mois de novembre,

« nous Pierre Duvergier de Belay, échevin,
« Pierre de Moracin, jurat, et Jean de Mi-
« miague, procureur-syndic, certifions à qui
« il appartiendra que le corps de ville, en
« conséquence d'une délibération prise en
« conseil, sur le requis du procureur-syndic,
« ayant ordonné à Bonuart, capitaine du
« guet, et à quelques soldats du dit guet,
« de faire transporter tous blés qui se trou-
« veront exposés en vente dans la place du
« Saint-Esprit, les dits capitaine et soldats se
« seroient mis en devoir d'exécuter l'ordre
« qui leur avoit été donné ; mais en ayant été
« empêchés et nous l'ayant fait savoir, le
« corps nous auroit députés commissaires à
« cet effet, et nous étant pareillement rendus
« sur la dite place du Saint-Esprit, nous au-
« rions trouvé quelques sacs de froment et
« une charrette chargée de froment; et ayant
« demandé au bouvier si le dit froment
« étoit à vendre, il nous auroit répondu que
« oui. Sur quoi nous lui aurions fait en-
« tendre qu'il devait porter le froment dans
« la place du marché public de Bayonne,
« et non celle du Saint-Esprit, ce qu'il au-
« roit voulu faire, mais en auroit été empes-
« ché par les sieurs de Lartigue frères, La-

« lande oncle et neveu, Fossecave, Che-
« verry et Veillet, chanoines de l'église col-
« légiale, par le curé de Tarnos, Maubec,
« Bardos, prêtres et prébendiers de la dite
« église de Saint-Esprit..... Et comme nous
« aurions fait commandement au dit bou-
« vier de marcher, un des chanoines se se-
« roit saisi de l'aiguillon du dit bouvier, et
« le sieur Veillet d'un bâton à croc de fer,
« vulgairement nommé *lache pren*, de quoi
« ils auroient baillé plusieurs coups sur les
« bœufs pour les faire aller du costé de
« Saint-Etienne, s'opposant à ce que nous
« avions ordonné; et, non contents de ce,
« auroient fait commandement au bouvier
« de dételer les bœufs, particulièrement
« le curé de Tarnos, disant qu'ils lui ap-
« partenoient, et qu'il ne prétendoit pas que
« les bœufs allassent en ville, et tant lui que
« les chanoines, s'étant mis devant la dite
« charrette, auroient effectivement dételé
« les bœufs...

« Ensuite de quoi ils nous auroient or-
« donné de nous retirer, à faute de quoi
« ils nous arrêteroient prisonniers, ce qui
« nous auroit obligés à envoyer dire au corps
« ce qui se passoit, et d'enjoindre aux sieurs

« d'Olives fils, Haran, Lamagnère fils, et à
« quelques autres habitants de la dite ville,
« de se mettre à l'écart au cas qu'on nous
« fist plus grave insulte ; et comme dans le
« moment il seroit survenu un détachement
« des portes de la ville, que le corps avoit
« envoyé à notre secours avec une paire de
« bœufs, nous nous serions mis en devoir
« de faire mener en ville la charrette de
« froment ; à quoi nous aurions trouvé de
« la résistance du costé des chanoines, les-
« quels, après plusieurs menaces, nous au-
« roient dit qu'ils nous logeroient, et le sieur
« Veillet, chanoine, que nous n'oserions pas
« y aller une seconde fois, ajoutant ces pa-
« roles : *Quelles bonnes têtes le corps de ville*
« *envoie ici !* et le sieur de Cheverry, cha-
« noine, que *ce n'étoit pas là le procédé*
« *d'honnêtes gens ;* comme aussi le sieur
« Dupitois, chanoine, auroit usé à notre
« égard de commandements réitérés de nous
« retirer, à peine de vingt livres, ce qui
« nous auroit portés à lui enjoindre de ne
« pas nous troubler dans notre commission,
« à peines doubles, triples et indites ; à
« faute de quoi nous lui déclarions qu'il se-
« roit notre prisonnier. Après quoi les dits

« chanoines s'étant un peu retirés de la
« charrette, nous l'aurions, en nous reti-
« rant, fait mener dans le marché public
« de la ville. En foi de quoi, » etc.

Il était temps pour MM. les chanoines de
la collégiale, après une scène aussi grotesque,
de quitter le théâtre de leurs exploits judiciaires, ou du moins de céder les premiers
rôles à d'autres acteurs... La leçon était
dure, mais elle porta ses fruits.

Dans aucune circonstance, les membres
de la collégiale ne s'étaient sentis plus isolés.
A la barre des tribunaux ou des cours du
pàrlement, il y avait place pour l'illusion;
on se battait par procureur, champion contre
champion. Qu'on fût un ou mille derrière
ce champion, qu'importait au sort de la
lutte judiciaire? Autrement s'étaient passées
les choses sur la place de Saint-Esprit : les
chanoines avaient vu venir à eux, deux ou
trois hommes délégués du corps de ville,
puis le guet, puis un peloton de la garde
bourgeoise; s'il l'avait fallu, la garde bourgeoise
tout entière fut arrivée. Qu'étaient-ils pour
résister? dix bonnes têtes de Bayonnais, il
faut en convenir, pleins du plus beau feu
qu'attisait encore un grain de vanité; mais

avec cela on ne bat pas de gros bataillons,
appelât-on à l'aide M. le curé de Tarnos.

La collégiale avait sous la main à Saint-
Esprit un élément de résistance qu'elle avait
dédaigné jusqu'ici de mettre en mouvement.
C'était cependant une force réelle : l'intelligence unie à la richesse. Nous voulons parler des juifs.

Qu'on nous permette de tracer en quelques lignes l'histoire de leur arrivée dans
nos contrées et de leur établissement parmi
nous.

Sous le règne de Ferdinand et d'Isabelle,
l'inquisition, après la chute de Grenade,
prit réellement dans ses mains le sceptre
de la royauté.

(1) « Il fut ordonné à tous les juifs de se
« convertir ou de sortir d'Espagne sous qua-
« tre mois, avec défense d'emporter ni or,
« ni argent (1492). Cent soixante-dix mille
« familles, formant une population de huit
« cent mille âmes, vendirent leurs effets à
« la hâte, et s'enfuirent en Portugal, en Ita-
« lie, en Afrique, et jusque dans le Le-
« vant. Alors on vit donner une maison pour
« un âne, une vigne pour un morceau de

(1) Michelet, *Histoire moderne.*

« toile ou de drap... Les juifs qui se reti-
« rèrent en Portugal n'y furent reçus qu'en
« payant huit écus d'or par tête; encore
« devaient-ils, dans un temps marqué, sor-
« tir du royaume sous peine d'être esclaves,
« ce qui s'exécuta rigoureusement. On pré-
« tend cependant que les premiers qui ar-
« rivèrent écrivirent à leurs frères d'Espa-
« gne : *La terre est bonne, le peuple idiot;*
« *l'eau est à nous. Vous pouvez venir, car tout*
« *nous appartiendra.* D. Manuel de Portugal,
« successeur de D. Juan, affranchit ceux
« qui étaient devenus esclaves; mais en 1496
« il leur ordonna de sortir du royaume,
« en laissant leurs enfants au-dessous de
« quatorze ans. La plupart aimèrent mieux
« recevoir le baptême... »

C'est à la suite de cette deuxième persé-
cution qu'un certain nombre de familles jui-
ves, plus constantes dans la foi de leurs
pères, vinrent chercher un asile dans nos contrées. De là le nom de *Portugais* qui leur
resta.

Ces malheureux se fixèrent d'abord sur les
les points les plus rapprochés de la frontière
d'Espagne, à Ciboure surtout, où le port de
Saint-Jean-de-Luz leur permettait d'entrete-

nir des rapports avec leurs frères de Portugal.
Leur établissement prospéra; il fut même lé-
gitimé, sans nul doute à prix d'argent, par
lettres-patentes d'Henri II en date du 1.er novembre 1550. Ces lettres les qualifient de
marchands portugais ou *nouveaux chrétiens*,
et l'on doit en inférer qu'ostensiblement
du moins ils ne pratiquaient pas la loi mo-
saïque.

Deux cents d'entre eux, vinrent, après l'édit
de 1550, s'établir à Saint-Esprit avec la per-
mission de la reine de Navarre. C'étaient probablement les plus pauvres de la nation, et
aussi les plus avides; car dans le chapitre
des sommes dépensées en 1565 lors de la
mémorable entrevue qui eut lieu à Bayonne
entre Charles IX et le duc d'Albe figure la
note suivante :

« Payé à X 33 journées pour avoir sur-
« veillé les ouvriers qui ont travaillé aux
« tonnelles du pont et pour *avoir gardé les*
« *Portugais.* »

On avait décoré de feuillages tressés en
guirlandes le pont sur l'Adour, et l'on n'o-
sait pas confier à la foi publique ces orne-
ments champêtres à cause des Portugais!!!

A quelques mois de là, leur séjour à Saint-

Esprit était dénoncé au roi comme dange-
reux pour la sûreté de Bayonne, et comme
une marque du peu de soin qu'apportaient
les officiers de Navarre à faire la police de
ce quartier. — *Deux cents Egyptiens se sont
plantés là tout d'un coup*, disait le syndic de
la ville, faisant allusion à leurs traits basa-
nés et à la livrée sordide qui abritait mal
leurs membres, hâlés et amaigris par la misère.

Dès les premiers jours de son avènement
à la couronne (novembre 1594), Henri III,
confirmant les lettres-patentes de son père,
permettait aux marchands portugais de continuer à résider dans l'étendue du gouvernement de Bayonne. Sans calomnier ce monarque, on peut croire que la pénurie de
ses finances contribua à attendrir son cœur
royal, et qu'il reçut une bonne grosse somme
d'argent en remercîment de cet acte de tolé-
rance. Cinq ans après, un grand évènement
transformait notre situation commerciale :
les Bayonnais recueillaient le fruit de leurs
efforts persévérants, et désormais leur port,
facilement accessible par une nouvelle embouchure, leur permettait d'aspirer au retour de la brillante prospérité dont ils avaient

joui aux jours, presque oubliés, de la domination anglaise.

Les juifs de la frontière songèrent, de leur
côté, à tirer parti de cette heureuse conjoncture. Silencieux et patients, quelques-uns s'in-
sinuèrent parmi leurs coreligionnaires de
Saint-Esprit, apportant des capitaux et des
relations nombreuses avec l'étranger. Mais,
quelle que fût leur prudence, ils ne purent
long-temps cacher à des voisins jaloux leur
existence et leur commerce. Les marchands
de Bayonne jetèrent les hauts cris, et
Henri IV, cédant à leurs instantes réclamations, enjoignit aux juifs de s'éloigner de la
ville et frontière et d'interner plus avant dans
le royaume, « attendu, portent les lettres-pa-
« tentes, que depuis quelques années en çà
« il s'est retiré et habitué un nombre fort
« grand et extraordinaire de Portugais, savoir
« de huit cents à mille familles, le long de
« notre costé et frontière de Biscaye, près notre
« ville de Bayonne. Nous avons résolu de les
« en tirer, et mettre à leur choix d'entrer plus
« avant au dedans de notre royaume, qui est
« l'habitation que doivent prendre ceux qui
« veulent s'y réfugier, et non aux frontières,
« ni même près des forteresses, qui en sont

« les.clefs et principales entrées, comme est
« notre ville de Bayonne. »

En l'année 1602, où parurent ces lettres-
patentes, la justice de Saint-Esprit, comme
on le sait, appartenait à la ville de Bayonne,
qui l'avait acquise des chanoines en 1594.
Aussi tous les *Portugais* furent-ils impitoyablement chassés de ce faubourg. Heureusement ils trouvèrent un protecteur bienveillant
dans M. le comte de Gramont, qui leur
permit de s'établir près de son château dans
la ville de Bidache, en attendant des jours
meilleurs.

Ces jours meilleurs arrivèrent. Les chanoines de la collégiale quand ils furent remis en
possession provisoire de la juridiction de Saint-
Esprit, y rappelèrent les Portugais, ou du
moins autorisèrent leur établissement moyennant un tribut, cela va sans dire, car cette
nation misérable ne connaissait d'autre protection que celle qui s'achète à prix d'argent, heureuse encore lorsqu'elle trouvait à
l'acheter.

A la fin du XVII.ᵉ siècle, les juifs de Saint-
Esprit avaient atteint un assez grand dévelop-
pement. Ils formaient une population d'environ 11 à 1,200 âmes. Les familles se distin-

guaient entre elles par les noms les plus éclatants de l'Espagne et du Portugal : Pimentel, Nuñez, Rodriguez, Furtado, Silva, Fonseca, Pigñeiro, Oliveira, Carvalho, Dacosta.

Au sein de la communauté les individus se désignaient entre eux par des prénoms invariablement tirés de l'Ancien-Testament, en souvenir des patriarches et prophètes, des juges et rois, des vierges et femmes fortes des saintes tribus (1). Repoussés des corporations ouvrières, ayant d'ailleurs peu de goût pour les travaux manuels, tous s'étaient adonnés à la pratique du trafic mercantile; le plus grand nombre s'occupait de la vente au détail; quelques-uns cependant faisaient le commerce en gros, celui des huiles par exemple, dont ils avaient à peu près le monopole.

Ce n'est qu'à force de ruses et de patience, en glissant pour ainsi dire entre l'injure et la violence, qu'ils parvinrent à se faire tolérer à Bayonne pour l'exercice de leur profession, pendant le jour seulement. Mais que d'an-

_____

(1) Ils dissimulèrent ces prénoms, qui auraient trahi leur origine, sous d'autres empruntés au calendrier de la liturgie romaine dans un simulacre de baptême.

goisses, que de douloureuses terreurs il leur
fallut endurer!

Au lever du jour, avant l'ouverture des
portes de la ville, on les voyait arriver par
groupes de trois ou quatre individus, le long
du pont Saint-Esprit. Hommes, femmes et
enfants, accouraient en babillant d'un ton na-
zillard un langage étrange dont le patois bayonnais faisait le fond, mais qui revêtait un cachet
d'originalité par des emprunts nombreux faits
sans discrétion au portugais et à l'espagnol.
Ils accouraient comme on va à un incendie,
comme on s'élance dans un assaut! On eût dit
qu'ils marchaient avec le pressentiment qu'un
jour cette ville leur appartiendrait tout entière. Rappelant par leurs traits fortement
accentués les types les plus purs des races
méridionales, si chers à nos peintres romanti-
ques, il semblait que sur leurs visages chaudement colorés le beau et le laid se livraient un
perpétuel combat sans pouvoir se vaincre.
Toutefois toutes ces beautés artistiques étaient
comme dégradées par les attitudes du corps,
et cette sorte de stigmate qu'impriment à la
face humaine une longue servitude, une longue habitude de la misère et du mépris.

Aussitôt que la porte de Saint-Esprit, roulant sur ses gonds, leur ouvrait un accès dans la ville, ils se précipitaient à travers les rues. Marchands, escompteurs, banquiers, courtiers marrons, au besoin usuriers, ils allaient, couraient çà et là, frappant à toutes les portes, recueillant ici un sourire, là une injure, et poursuivant sous toutes les formes du négoce, avec l'ardeur du limier qui suit sa piste, le profit, la fortune. Pourquoi les en blâmer ? qui pouvait à meilleur droit qu'eux rêver la toison d'or? Voués à tous les mépris, à toutes les persécutions, véritables parias de nos sociétés européennes, la richesse était pour eux l'unique source des jouissances; c'était aussi leur plus puissante sauvegarde. Combien de fois le stupide fanatisme, tout enflammé de cupidité, ne les avait-il pas forcés d'acheter au poids de l'or le droit primordial de la créature, le droit de vivre?

Telle est la population, tel est l'élément que les chanoines songèrent à mettre en mouvement pour détacher à tout jamais le quartier de Saint-Esprit de la ville de Bayonne et arriver à une complète séparation.

Dans le même esprit qui avait dicté l'arrêt du 14 décembre 1671, le roi, en son conseil, voulant venir en aide à la ville de Bayonne

pour l'acquittement de ses dettes, ordonna,
par un nouvel arrêt de juin 1685, l'établissement et perception de certains droits dont un
entre autres devait peser sur les vins qui se
consommeraient à Bayonne et à Saint-Esprit.
Cette fois l'erreur n'était plus possible : Saint-
Esprit figurait bien en nom dans la disposition royale.

A la vue de cet arrêt, les chanoines firent
feu de toutes leurs pièces ; ils présentèrent personnellement requête au roi en opposition
d'exécution ; mais pour lui donner plus de
poids, ils y joignirent la protestation d'un
homme à eux, le bayonnais Lissalde, qui
s'intitulait : *Syndic des habitants naturels et
communauté de Saint-Esprit et agissant en
leur nom.*

Sous ce mot de *communauté*, il faut entendre les juifs portugais.

Ces requêtes et protestations disaient en
résumé « que Saint-Esprit était distinct de
« Bayonne pour le temporel comme pour
« le spirituel ; que l'arrêt objet de l'oppo-
« sition, et qui ordonnait la levée de trente
« sols par barrique de vin du crû, de trois
« livres par barrique de vin étranger, et de
« dix livres par cuir (*bota,* outre) de vin

« d'Espagne, ne pouvait être que le résul-
« tat d'une erreur, d'une surprise ; que le
« conseil du roi avait cru sans nul doute
« QUE SAINT - ESPRIT N'ÉTAIT QU'UN FAUBOURG
« DE BAYONNE. »

Malgré cette imposante résistance, le roi,
en son conseil, sans s'arrêter aux dites requêtes, débouta de leur demande chanoines, habitants naturels et communauté
juive de Saint-Esprit, et ordonna à M. de
Bezons, conseiller d'État, commissaire en
la généralité de Bordeaux, d'y tenir la main
(15 juin 1686), voulant de sa royale volonté
continuer à croire que Saint-Esprit n'était
qu'un faubourg de Bayonne.

Quelque temps après (15 novembre 1687),
le prélèvement d'un autre droit de 50 sols
par barrique d'huile à consommer dans la
ville et le bourg, fut suivi des mêmes résis-
tances et d'un égal insuccès. Mais, nous l'a-
vons déjà dit, ce commerce des huiles étant
en partie aux mains des juifs portugais, la
question les intéressait de très près. Excités aussi et encouragés par les chanoines,
ils durent sans doute mettre de côté leurs
habitudes de timidité, et poursuivre, en se
présentant tout-à-fait à découvert, leurs ré-

clamations contre ces impôts. Toujours est-il que les bourgeois bayonnais, irrités contre eux au dernier point, rendirent le 23 août 1691 une ordonnance dont le souvenir mérite d'être conservé:

« Nous les eschevins, jurats et conseil de
« la présente ville de Bayonne, juges crimi-
« nels et de police, avons fait et faisons
« très expresses inhibitions et deffenses à
« tous étrangers et notamment aux juifs por-
« tugais :

« D'avoir à vendre aucune sorte de mar-
« chandise, même du sel, *en détail*, ains
« seulement par balles sur corde et cargai-
« sons entières dudit sel ;

« D'aller au devant des acheteurs et cha-
« lands ;

« D'ouvrir leurs magasins en jours de di-
« manche et fêtes, et venir traiter d'affaires
« en ville ès-dits jours, et d'y coucher sous
« quelque prétexte que ce soit ;

« Et aux bourgeois et habitants, de prêter
« leur nom en fraude, à peine d'être déchus de
« leur privilége, et contre les contrevenants
« de 300 livres d'amende pour la première
« fois, qui ne pourra être remise ni modérée,
« et payable sans dépôt, dont le tiers sera ac-

« quis au dénonciateur et les deux autres
« tiers à l'hôpital Saint-Nicolas. . .

« Jugé au dit Bayonne, en conseil tenu
« extraordinairement en l'hôtel-de-ville, par
« d'Harriet, premier eschevin, Dubrocq, de
« Maubec, eschevins, et de Patourcau, jurat,
« le 23.ᵉ jour d'août 1691.

       « Signé : Barroilhet, *greffier.* »

Cette ordonnance, lue, publiée et affichée
à son de trompe et cry publicq par tous les
cantons et carrefours de la ville, jeta la dé-
solation parmi les membres de la communauté juive de Saint-Esprit ; elle équivalait à
un ordre d'exil, car, par sa généralité, elle em-
brassait Saint-Esprit comme Bayonne, et ré-
duisait ainsi la presque totalité de ces malheureux, qui vivaient du commerce de détail, à
la dure nécessité d'aller chercher ailleurs
leurs moyens journaliers d'existence.

Par son excessive rigueur, le corps de ville
dépassa le but qu'il se proposait d'atteindre.

Plusieurs Bayonnais, ceux qui possédaient
des immeubles à Saint-Esprit et les louaient
aux juifs, n'entendirent pas qu'on sacrifiât toute
une population dont ils tiraient annuellement
le plus clair de leurs revenus. On s'anime,

on se concerte avec les chanoines de la collégiale. Un homme d'énergie, Louis Mendez
Dacosta, l'un des syndics des marchands
portugais, relève le moral de ses coreligionnaires, leur fait comprendre qu'on peut résister avec succès, et les décide à déférer
l'ordonnance du corps de ville de Bayonne
à M. l'intendant de Bordeaux.

Là s'engagea une vraie bataille judiciaire :

D'un côté, les échevins et jurats, marchands,
négociants et courtiers de Bayonne ;

De l'autre, les marchands portugais, aidés
de quelques Bayonnais possesseurs d'immeubles à Saint-Esprit dont nous avons parlé.

Voici quelles furent les conclusions respec-
tives des parties :

« Qu'il vous plaise, » disaient les juifs portugais, « sans avoir égard à l'ordonnance
« rendue par les eschevins et jurats de Bayon-
« ne, permettre aux dits Portugais de vendre
« dans la dite ville des marchandises, pièce
« par pièce, dans leurs magasins, et des
« bateaux de sel à bord des dits bâtiments ;
« comme aussi de faire des ventes et achats,
« polices d'assurances et chartes-parties par
« eux-mêmes, sans ministère d'interprètes
« ny courtiers, comme ils ont fait et ac-

« coustumé de tout temps, et faire deffense
« à toutes personnes de ne les inquiéter pas,
« en cas que, par nécessité, pour le bien de
« leur commerce, il faille que quelquefois,
« par accident, ils couchent dans la ville de
« Bayonne. »

Les requêtes des adversaires tendaient :

« A débouter les dits marchands *juifs,* soi-
« disant portugais, de leur demande, et par
« exprès leur faire très expresses deffenses
« de venir vendre au détail au dit Bayonne
« et *bourg Saint-Esprit*, mais seulement en
« gros, balle, ballot, thonneau, barrique,
« barril, caisse, caisson et cargaison entière
« de sel, suivant que les marchandises vien-
« dront des pays étrangers, et non pas en
« quintal, à la livre ni à l'aune, et leur
« enjoindre de fermer leurs boutiques, qu'ils
« tiendront au Saint-Esprit; comme aussi,
« pour éviter qu'ils ne retombent dans le vice,
« leur faire deffense d'avoir aucune aune,
« poids ni balance, grandes ni petites, dans
« leurs magasins de la ville, et de rester les
« nuits dans Bayonne sous aucun prétexte
« que ce soit. »

Et spécialement en ce qui concerne le
courtage :

« Ordonner qu'ils ne pourront faire des
« achats ni ventes sans ministère de cour-
« tiers lorsque les marchés excèderont la
« somme de 150 livres, à peine de 500 li-
« vres d'amende, » etc....

Les Bayonnais possesseurs d'immeubles à
Saint-Esprit joignirent aux conclusions des
juifs un mémoire qui nous paraît assez intéressant pour que nous le fassions passer
en entier sous les yeux de nos lecteurs.

*A Monseigneur Bazin de Bezons, conseiller d'État,
intendant de justice, police et finances dans la
généralité de Guyenne.*

« Monseigneur,

« Pierre et Charles de Larrezet, Jean de Castera,
Claude Ravel, Pierre de Cardenau, Jean de Moracin, Jean Laborde, Françoise Larrezet, veuve de
M. Detcheverry, et Etiennette de Valin, bourgeois
de la ville de Bayonne, faisant tant pour eux que
pour d'autres bourgeois de la même ville possédant
des maisons au faubourg de Saint-Esprit, qui signe-
ront la présente requête, remontrent très-humble-
ment à V. G. qu'ayant appris que les marchands de
Bayonne ont formé instance devant elle contre les
marchands portugais résidant au bourg, à l'effet
d'empêcher qu'ils n'y fassent le commerce en détail,
ils ont intérêt d'intervenir dans cette instance pour
la conservation de leurs biens.

« Et, pour cet effet, ils supplient très-humble-
ment V. G. de considérer que toute leur fortune et
leurs facultés consistent en des maisons qu'ils possèdent au bourg, et qui sont occupées par lesdits
marchands portugais, qui y ont jusqu'ici exercé
librement leur commerce dans le détail en conséquence des lettres-patentes à eux accordées par le
Roy en 1656, qui leur permettent de trafiquer et de
négocier dans le gouvernement de Bayonne avec les
mêmes grâces et priviléges que les autres sujets.

« De sorte qu'à la faveur de ces lettres-patentes,
confirmatives de semblables concédées aux mêmes
Portugais par les roys Henri II et III, d'heureuse
mémoire, un grand nombre d'autres familles portu-
gaises s'étant retirées de divers royaumes au bourg,
les auteurs des suppliants furent excités à y faire
bâtir des maisons considérables, dont le revenu pût
faire subsister plus de cent familles, composées de
véritables et naturels sujets du Roy ; au lieu que si le
commerce en détail était interdit aux marchands
Portugais, ils seraient contraints, ne vivant que de
ce commerce, de quitter absolument ce bourg,
lequel, de considérable qu'il est, retomberait dans
le néant de sa première origine ; et, par dessus cela,
les suppliants se verraient non-seulement privés de
leurs revenus ou des moyens qui leur restent pour
nourrir leurs familles, ils seraient encore réduits
eux-mêmes à un besoin extrêmement pressant.

« Ce ne sont pas uniquement les suppliants, Monseigneur, qui reçoivent de l'avantage et du profit de
la résidence des Portugais au dit bourg et de leur
commerce en détail ; mais le Roy et le public y en

rencontrent visiblement de fort grands, soit par
l'entrée de leurs marchandises, qui viennent des païs
estrangers dans la viile, soit lorsqu'ils les en font
sortir pour les destailler au bourg. L'intérest de S. M.
se trouve donc en ce que les Portugais, ne jouissant
pas des droits de franchise comme les marchands de
Bayonne, payent au bureau des droits très considérables dans le cours de l'année.

« L'utilité publique s'y rencontre encore, parce
que en plus il y a de marchands dans un endroit,
les uns à l'envi des autres se contentent d'un profit
médiocre, vendent leurs marchandises au plus juste
prix ; au lieu que si la requête portée par les marchands de Bayonne avoit son effet, il n'y en auroit
que six d'entre eux qui font le commerce en détail
qui en profitassent. Mais comme le Roy se plaît à
rendre ses peuples également heureux, les suppliants, qui ne sont pas moins ses fidèles sujets que
ces marchands de Bayonne, osent bien espérer de
la justice de V. G. que, conformément aux dites
lettres-patentes, elle continuera de permettre aux
marchands portugais leur commerce en détail au
bourg Saint-Esprit, sans que l'arrêt en forme de
lettres-patentes obtenu en 1643 par les marchands
de Bayonne mérite, — sous le respect que les suppliants doivent à V. G., — qu'elle s'y arrête par
trois considérations sans réponse.

« La première, c'est que le bourg Saint-Esprit est
absolument indépendant de la ville de Bayonne ; et
si cela avait été connu de S. M., elle n'aurait pas
étendu le privilége dont il y est parlé jusqu'à un
territoire sur lequel la ville de Bayonne n'a nul droit
ni nulle inspection.

« La deuxième raison se prend en ce que les suppliants, parties intéressées aussi bien que les sieurs
du chapitre du Saint-Esprit, seigneurs directs et
fonciers du même bourg, ne furent pas ouïs pour
l'obtention des dites lettres, et les autres avoient
eu l'honneur d'être entendus dans leurs raisons. Il
n'est pas vraisemblable que le Roy a voulu les rui-
ner pour enrichir cinq ou six marchands vendant
en détail dans la ville, en y attirant le commerce et
le sortant du dit bourg; au lieu que, dans la situation où sont les choses, tant les suppliants que les
marchands de Bayonne trouvent raisonnablement
leur subsistance, encore bien plus ces derniers,
puisqu'il y en a plusieurs d'entr'eux qui depuis
quinze ou vingt ans ont fait une fortune de plus de
soixante mille livres chacun.

« La troisième et dernière raison se tire de l'in-
exécution des dites lettres-patentes; car depuis leur
obtention les marchands de Bayonne ne se sont pas
donné de mouvement pour les mettre à exécution,
en quoi ils ont suffisamment reconnu la surprise
qu'ils avaient faite au Roy en les obtenant, ne luy
ayant pas exposé en vrai les choses; et s'ils avoient
agi en vertu des dites lettres pour interrompre le
commerce en détail au bourg, les auteurs des suppliants se seroient bien donné de garde d'employer
tout leur bien à la construction des maisons dont les
trois quarts ont été bâties depuis 1643, mais ils
l'auroient colloqué ailleurs, pour faire la fortune de
leurs familles.

« Ces considérations sont si puissantes, qu'elles
donnent lieu aux suppliants d'espérer que V. G.,

pour ne les pas mettre dans le dernier accablement, ordonnera la continuation du commerce du détail, d'autant plus que S. M. ayant résolu de faire fermer le bourg Saint-Esprit, elle ne voudra pas le rendre désert, ce qui arrivera pourtant infailliblement si le commerce en détail étoit effectivement interdit aux Portugais, qui se trouveroient forcés à l'abandonner.

« A ces causes, Monseigneur, il plaira à V. G. recevoir les suppliants parties intervenantes dans l'instance pendante devant lui : il sera permis aux marchands portugais de continuer leur commerce en gros et en détail au bourg, avec deffenses à toutes sortes de personnes de leur porter aucun empeschement dans l'exercice de leur commerce, et ils continueront de prier Dieu pour la santé et prospérité de V. G. »

En présence d'une lutte aussi âpre, où des intérêts si contradictoires se trouvaient en jeu, l'intendant Bazin de Bezons crut prudent de rendre une ordonnance de transaction dont nous extrayons les principales dispositions.

« Permettons aux marchands portugais de
« continuer de vendre en gros, pièce à pièce,
« *dans la ville de Bayonne;* leur faisons def-
« fense de vendre en détail, ni d'avoir les poids,
« aunes et mesures nécessaires pour le dit dé-
« tail, sous les peines portées par l'ordonnan-

« ce des eschevins de Bayonne du 22 août
« dernier ; leur permettons d'avoir le grand
« fléau pour peser les balles qu'ils envoyent
« dans les pays étrangers, et pour vérifier si
« les balles des marchandises qu'on leur
« porte sont du poids porté par leurs lettres
« de voiture..... Au surplus, ordonnons que
« l'ordonnance rendue le 23 août par lesdits
« eschevins de Bayonne sera exécutée selon sa
« forme et teneur..... Et avant faire droit sur
« la demande des marchands de la dite ville
« de Bayonne, à ce que deffenses soient faites
« auxdits Portugais de vendre en détail dans
« le bourg de Saint-Esprit, ordonnons que les
« dites parties contesteront plus amplement
« pendant six mois, dans lequel délai elles
« rapporteront toutes les pièces dont elles en-
« tendent se servir, et cependant permettons
« auxdits Portugais de vendre en détail dans
« ledit bourg de Saint-Esprit. — Fait à Bor-
« deaux, le 9 janvier 1692. »

La dernière disposition de cette ordonnance
avait été évidemment dictée par un senti-
ment d'humanité ; elle fait honneur à M. de
Bezons, quelque partialité qu'il montrât
d'ailleurs en faveur des marchands catholiques de la ville de Bayonne.

Les jugements de transaction ont un défaut :
ils ne plaisent à personne, et presque toujours ils ne font qu'ajouter à l'irritation des
plaideurs une dose nouvelle d'irritation, née
de cette conviction qu'ils sont victimes d'un
déni de justice.

L'on marcha tant bien que mal sans autre
secousse, sous l'empire de l'ordonnance de
M. de Bezons, jusqu'aux premiers jours de
l'année 1701. Alors arriva à Bayonne le se-
cond des petits-fils de Louis XIV, le duc
d'Anjou, qui, sous le nom de Henri V, allait,
en vertu du testament de Charles II, recueil-
lir la couronne d'Espagne. Parmi les gens de
la suite se trouvait, en qualité d'historiographe,
un jeune gentilhomme, Duché de Vancy,
à qui nous emprunterons quelques traits rela-
tifs au séjour de la cour d'Espagne parmi
nous.

Le futur roi d'Espagne fut logé à l'évêché ;
les princes ses frères, au vieux château. « Ce
« vieux château, dit de Vancy, contient un
« très beau logement ; il y a des apparte-
« ments au rez-de-chaussée. Celui qu'occupe
« le duc de Bourgogne est l'appartement du
« duc de Gramont ; il consiste en une salle
« des gardes, une antichambre et un cabinet

« qui ont vue sur la ville. Dans le cabinet et
« sur la cheminée il y a le portrait de la du-
« chesse de Gramont, de la maison de Castel-
« nau, et la copie d'un tableau, dont l'original
« est au Petit-Bourg, qui représente la belle
« Gabrielle d'Estrée, maîtresse de Henri IV, et
« sa sœur nues dans le bain, la belle Gabrielle
« montrant tout le devant depuis la ceinture
« jusques en haut, et l'autre tout le derrière.
« Celle-ci est brune, et celle-là blonde. Au-
« près du bois se trouve une nourrice riante,
« qui tient un petit enfant sur ses bras ; et
« c'est César, qui a été duc de Vendôme. »

Pour honorer *à l'espagnole* Mgr. le duc
d'Anjou, et lui donner sans doute un avant-
goût des plaisirs délicats qui l'attendaient
dans sa nouvelle patrie, les Bayonnais lui donnèrent le spectacle d'une course de taureaux.
Elle eut lieu sur la place Gramont, et ressem-
bla à toutes les courses passées, présentes et
futures.

« Pendant le spectacle un Espagnol se pro-
« menait gravement dans le milieu de la
« place, le nez dans son manteau ; et quand
« quelque taureau venait à ses trousses, il
« le développait fort posément, en donnant
« d'un bout dans le nez de cet animal, et con-

« tinuait son chemin, remettant son manteau
« sur l'épaule d'un air fier et tranquille. Après
« plusieurs bravoures de cette nature, il y a
« eu enfin un taureau qui a serré de près
« notre Espagnol ; ce dernier a mis l'épée à
« la main pour se défendre. Le taureau,
« n'entendant pas raillerie, l'a poussé si vive-
« ment qu'il a été obligé de sauter sur le gar-
« de-fou de l'amphithéâtre. L'épouvante l'avait
« saisi de telle sorte, qu'en sautant son épée
« lui est tombée des mains. Cette scène n'a
« pas fait moins de plaisir aux spectateurs
« qu'elle n'a fait de peur au champion, qui
« avait perdu tout son sang-froid et paraissait
« fort déconcerté. »

Un accident faillit attrister ces fêtes. Au
dessus de l'amphithéâtre où se trouvaient placés les seigneurs espagnols, un auvent chargé
de monde se rompit, et tomba sur leurs têtes.
Heureusement, ajoute de Vancy, il n'y en eut
que trois de blessés : le duc d'Albe, le duc de
Bejar et le prince Pio.

Les chanoines de la collégiale et les juifs de
Saint-Esprit essayèrent de s'insinuer dans les
bagages de la cour pour intéresser à leur
cause quelque haut personnage en position de
les servir. Eurent-ils accès auprès de notre

historiographe? Nous l'ignorons ; cependant il nous est permis d'inférer d'un passage de son récit qu'il ne resta pas étranger à leurs démêlés avec le corps de ville de Bayonne.

« Aujourd'hui (18 janvier 1701) j'ai passé « le grand pont appelé *pont Major*. Ce grand « pont en contient deux au bout l'un de l'au- « tre, dont l'un est sur l'Adour, qui est la « principale rivière, et l'autre sur la Nive qui « tombe dans l'Adour. Ce qui est habité au « bout des deux ponts ou du pont Major, s'ap- « pelle *le quartier* de Saint-Esprit ; c'est la « demeure des juifs, car il ne leur est pas per- « mis de coucher dans la ville, ny d'y avoir « boutique. Pour commercer, ils se servent du « nom de quelque petit marchand dont ils « mettent la femme ou la fille dans une bouti- « que, et leurs marchandises sont dans le « reste de la maison, où ils ont un facteur qui « les débite en leur présence, sans qu'ils parais- « sent s'en mêler. Le nommé Cardozo est un « des principaux et des plus riches. »

A la suite de ce voyage, le corps de ville, soit qu'il eût été averti de quelque menée, soit que tout se bornât à des soupçons, redou- bla de vigilance, éventa plusieurs fraudes des juifs portugais aux fins d'éluder l'ordonnance de 1692, et, pensant avec raison que leur grande audace prenait sa source dans l'appui que leur prêtaient les chanoines, il voulut couper le mal à sa racine en frappant vigoureusement sur ces derniers un coup d'éclat.

S'autorisant du texte des lettres-patentes qui avaient fondé la collégiale, ils ordonnèrent aux chanoines d'avoir à quitter la ville pour résider à Saint-Esprit, où devait les retenir le service de leur ministère sacré.

Un arrêt du parlement de Bordeaux vint même consacrer la prétention des Bayonnais; mais la joie de leur triomphe ne dura point, et la lettre suivante dut leur faire comprendre qu'ils avaient touché maladroitement à ce qui était au-dessus de leur compétence.

« De par le Roy :

« Sa Majesté ayant été informée de la de-
« mande qui luy a été faite par les chanoines du
« bourg de Saint-Esprit de Bayonne de vou-
« loir leur permettre de faire leur résidance
« dans la ville et les dispanser de l'arrêt du
« parlement de Bordeaux qui les oblige de
« demeurer au dit bourg pour y desservir
« leurs services conformément à la fondation,
« et S. M. voulant bien en cela avoir aucune-
« ment égard à leur demande, elle a dispansé

« et dispanse les chanoines du chapitre du
« bourg de Saint-Esprit, de Bayonne, de ré-
« sider audit bourg, leur permettant S. M.,
« autant qu'il sera de son bon plaisir, de de-
« meurer dans la ville, nonobstant les arrêts
« du parlement de Bordeaux, à la charge
« toutesfois d'aller toutes les jours faire le
« service divin au dit bourg dans leur église
« collégiale.

« Fait à Versailles, le 10.e jour d'août 1705.

« LOUIS.

« PHELYPEAUX. »

L'amour-propre de MM. les chanoines de
la collégiale recevait ainsi une pleine satis-
faction : le roi leur permettait de résider à
Bayonne envers et contre tous. Mais était-ce
bien là un succès? Pour des hommes qui
avaient proclamé si haut que Saint-Esprit
n'était pas un faubourg de Bayonne, n'é-
tait-ce pas au moins une maladresse de laisser voir que la ville de Bayonne pouvait
seule offrir à des chanoines de Saint-Esprit
une habitation décente?

Autorisés par cet exemple, les juifs portugais songèrent, eux aussi, à emporter, sinon
de haute lutte, du moins par la ruse, le

droit de résider dans cette ville jalouse qui leur fermait impitoyablement ses portes à l'heure du coucher du soleil.

C'est Georges Cardozo, ce juif opulent dont parle de Vancy dans ses *Mémoires*, qui prit la charge des premières tentatives. Par ses ordres, Bertrand Lacomme, maître charpentier de maisons, présente requête au corps de ville, disant :

« Qu'il bâtit pour Georges Cardozo, mar-
« chand du bourg de Saint-Esprit, une mai-
« son située à Bayonne rue Bourg-Neuf; qu'il
« est sur le point d'édifier la façade, mais
« comme l'alignement doit lui être donné par
« MM. les échevins et jurats, il les prie de
« lui députer un d'entre eux pour commis-
« saire, afin de lui marquer sur les lieux
« ledit alignement. »

M. Verdier, jurat, est nommé commissaire. Un de Lalande exerçait alors les fonctions de maire, sous le titre de *maire premier eschevin*. Le commissaire se rend sur les lieux, accompagné du procureur du roi et du greffier, et y trouve non-seulement Georges Cardozo, mais aussi Isaac son neveu, lesquels déclarent que le sol appartient à l'oncle, et que c'est le neveu qui fait bâtir. C'est dans cet état que l'affaire est portée devant le corps de ville le 7 mai 1706.

Les juifs portugais pourront-ils désormais posséder, à titre de propriétaires, des immeubles à Bayonne? Si ce droit leur est octroyé, n'emportera-t-il pas l'abolition de toutes les mesures de police qui ont eu pour but de les empêcher de *s'habituer* en ville?

Telle était la grosse question que l'échevinage avait à résoudre sous cette demande, en apparence si insignifiante, d'un simple alignement.

La délibération ne fut pas longue. Malgré le réquisitoire du procureur du roi, le corps de ville refusa de répondre favorablement à la requête; et comme M. de la Bourdonnaye, intendant de Guyenne, se trouvait alors en ville, les magistrats bayonnais se rendirent auprès de lui pour le supplier de prendre en main leurs intérêts contre les envahissements de la nation portugaise.

S'il ne s'était agi que de trancher la question de résidence, M. de la Bourdonnaye n'eût pas hésité à condamner la prétention des juifs. Imbu des préjugés de son époque autant qu'homme de France, il avait récemment donné la mesure de son esprit de tolé-

rance en défendant aux Portugais de Saint-
Esprit de prendre à leur service des domesti-
ques catholiques ; mais décider en principe
qu'il leur serait interdit d'acquérir des immeubles dans la ville de Bayonne, c'était un
acte si exorbitant, que M. l'intendant refusa
d'en assumer sur lui la responsabilité, et
renvoya les parties à se pourvoir devant le
conseil privé du roi.

C'est là, en effet, que l'affaire se dénoua.
Les placets qui furent présentés de part et
d'autre n'offrent rien d'intéressant. Les Bayonnais grossissent à plaisir les proportions de
l'entreprise. S'il est permis aux juifs d'acquérir des immeubles à Bayonne, c'en est
fait de la religion catholique parmi nous,
disent-ils avec plus de véhémence que de
conviction, et ils montrent la synagogue dé-
testée s'élevant comme une scandaleuse profanation au cœur même de la cité, en face de
la cathédrale dédiée à la bienheureuse Vierge
Marie.

Cardozo, de son côté, se fait humble et
modeste ; mais son exposition ne brille pas
précisément par la bonne foi. Ainsi il prétend
qu'il possède paisiblement l'immeuble contentieux depuis dix ans, et ce point capital

n'était pas exact, attendu que l'acquisition
en avait été faite sous le nom d'un sieur
Beaulieu, avocat. En somme, scindant habi-
lement la question complexe soumise au roi
par les Bayonnais, Cardozo ne revendique
que *le droit d'acquérir et de posséder des immeubles*, ne prétendant nullement y habiter
de sa personne, *pour ne rien innover aux
usages établis.*

On dut éprouver à la cour de grandes hési-
tations. Le ministre La Vrillière écrivit le
22 mai à M. de la Bourdonnaye pour avoir
de nouveaux éclaircissements; celui-ci en
demanda, à son tour, aux magistrats de
Bayonne, lesquels transmirent en réponse
un mémoire *en sept points.*

Ce mémoire en sept points, dont nous
croyons devoir faire grâce à nos lecteurs,
renferme une masse d'arguments dans le goût
de ceux que contenait le premier placet; mais
ils furent d'autant plus puissants, qu'on ne
jugea pas à propos de les soumettre à la critique du juif Cardozo.

En conséquence, M. de la Vrillière transmit
à l'intendant la Bourdonnaye, afin qu'il la mît
à exécution, l'ordonnance dont suit la teneur :

« S. M. ayant été informée qu'encore que

« les Portugais qui se sont établis par permis-
« sion du roy *au bourg Saint-Esprit de Bayon-*
« *ne,* n'ayent jamais possédé en propre des
« maisons dans la ville, et qu'il leur soit dé-
« fendu d'y coucher et d'y manger, néan-
« moins le nommé Cardozo, un d'entre eux,
« y possède une maison sous le nom d'un
« habitant appelé Beaulieu, qu'il fait actuel-
« lement rebâtir ; les maire et eschevins
« s'étant plaints à S. M., et que, si ces Portu-
« gais avaient des maisons dans la ville de
« Bayonne, il serait à craindre que la reli-
« gion des habitants, qui a toujours été pure,
« ne fût exposée par le commerce qu'ils au-
« raient journellement avec eux : à quoi
« S. M. voulant pourvoir, elle a fait et fait
« très-expresses inhibitions et défenses audit
« Cardozo et à tous autres Portugais du bourg
« Saint-Esprit de Bayonne de venir demeurer
« ni d'habiter dans la ville, à peine de confis-
« cation des acquisitions qu'ils y pourront
« faire, sauf audit Cardozo de revendre la
« maison par lui acquise sous le nom dudit
« Beaulieu, enjoignant S. M. au sieur de la
« Bourdonnaye, conseiller du roy en ses con-
« seils, maître des requêtes ordinaires de son
« hostel, commissaire départi en la généra-

« lité de Bordeaux, de tenir la main à l'exé-
« cution de la présente, qui sera lue et pu-
« bliée afin que personne n'en prétende cause
« d'ignorance.

« Donné à Versailles le sixième jour de
« juillet mil sept cent six.

« Signé : LOUIS.

« Et plus bas : PHELYPEAUX. »

VIII

En jetant un coup-d'œil rétrospectif sur la
dernière série des évènements que nous venons d'esquisser, et qui doivent clore cette
Etude, nous sommes frappé du trait de res-
semblance qui les caractérise tous. A partir
du jour (1618) où le droit seigneurial de
justice sur Saint-Esprit a passé de la ville de
Bayonne aux mains des chanoines, ne sem-
ble-t-il pas qu'obéissant à une même impul-
sion, à une même aspiration, la population
de Saint-Esprit tout entière a voulu protester
contre la ligne de démarcation purement
fictive et idéale qu'on prétendait élever?

Ces juifs — et, d'après les données les plus

certaines, ils formaient les sept dixièmes de
la population; — ces juifs comme Bayonne les
attire! Jamais, aux temps de l'Ecriture, la
terre promise n'a excité dans leur imagina-
tion ardente de plus furieux désirs de possession.

Les vignerons, on les a vus accourir avec
leurs frères de Saint-Etienne, et se mêler
joyeusement à la famille bayonnaise le grand
jour de la fête du Sacre !

Enfin MM. les chanoines de la collégiale,
les plus illogiques des hommes, n'ont-ils pas
eux-mêmes renversé du souffle leur fragile
barrière de séparation, quand ils ont lutté
avec tant de vigueur pour conquérir le droit
de *résider à Bayonne?*

IX

Le long règne de Louis XV n'apporta aucun
changement notable dans les relations de
Bayonne et de Saint-Esprit.

Toujours les chanoines de la collégiale rési-
dèrent à Bayonne, au sein de leurs familles;
toujours ils poursuivirent le cours de leurs

intrigues, suscitant, à chaque mutation d'intendant, la protestation des juifs, qui voulaient se soustraire aux charges locales de la ville de Bayonne.

Nous avons les ordonnances des intendants :

Legendre, 1717 ;

Lesseville, 1720 ;

Balorse, 1737 ;

de Contest, 1740 ;

d'Etigny, 1756,

qui déboutent successivement les Portugais de leurs demandes en dégrèvement.

A cette dernière époque, la lutte fut des plus vives. Isaac Nunez Tavarez, Jacob Silva Valle et Abraham Julian, syndics de la nation portugaise, montrèrent le plus grand zèle pour la défense des intérêts de leurs coreligionnaires. Zèle stérile! M. d'Etigny pensa, comme tous ses prédécesseurs, que le bourg Saint-Esprit n'était qu'un membre du corps de Bayonne.

Nous devons constater aussi que Bayonne, avec une égale persévérance, s'opposa à l'introduction des juifs dans ses murs. Rien n'y fit : ni le prestige de l'école philosophique, qui infusa comme du sang nouveau dans les veines de la France; ni l'ascendant de la royauté elle-même, qui, cédant à l'influence des idées triomphantes, confirmait (juin 1776), en les amplifiant, les priviléges concédés précédemment aux juifs portugais, et cela à la prière de Rodrigues Pereire, leur agent à Paris, membre de la Société Royale de Londres, pensionnaire du roi, et son secrétaire interprète pour les langues espagnole et portugaise.

Mais voici la révolution qui s'avance! Tout croule, tout se renouvelle, le bourg de Saint-Esprit devient enfin une commune.

Si l'on veut savoir quels éléments il offrait pour former une municipalité, qu'on lise le curieux travail qui fut publié quelques années auparavant, le 28 septembre 1787; c'est une critique *bayonnaise* à l'adresse des prétentions de Saint-Esprit, qui demandait pour la première fois un corps municipal distinct de celui de Bayonne. On peut tout d'abord tenir cette critique pour suspecte, à cause de son origine; mais, en y regardant de près, le tableau nous semble d'un réalisme trop saisissant pour avoir rien emprunté au mensonge intéressé. Il y a là des traits que la passion saisit, mais n'invente pas.

MÉMOIRE POUR LA VILLE DE BAYONNE

EN RÉPONSE

A CELUI DES HABITANTS DU FAUBOURG SAINT-ESPRIT.

Du 28 septembre 1787.

« La demande que font les habitants du Saint-Esprit a pour but, disent-ils dans leur délibération du 25 novembre 1785, de jouir des droits attachés aux communautés chargées de l'entretien d'une fontaine, d'un abreuvoir pour les chevaux, d'un corps-de-garde, d'une pompe, du pavé; ils doivent fournir à ces objets par une contribution individuelle, dans le temps que la ville de Bayonne perçoit au Saint-Esprit des octrois considérables. Ils espèrent qu'aussitôt qu'ils auront parmi eux un conseiller du roy, les octrois perçus au Saint-Esprit seront enlevés à la ville de Bayonne, les contributions cesseront, la police sera mieux administrée. Enfin le chapitre leur cède ses droits. Tel est le tableau qu'ils présentent pour obtenir une municipalité. Les auteurs du projet ont entraîné un grand nombre de leurs concitoyens en flattant les uns de quelques vaines distinctions, et promettant aux autres une cessation de contributions. La discussion où nous allons entrer établira combien ces idées sont chimériques.

» Les octrois perçus à Bayonne et au Saint-Esprit sont employés à l'entretien des établissements publics, communs à la ville et au faubourg, d'une utilité majeure, et ne pouvant, sans les plus grands inconvénients, être appliqués à d'autres objets.

« Non-seulement il n'y a aucune nécessité à créer un corps municipal au Saint-Esprit, mais il n'y a aucune utilité à en espérer. C'est ce qui sera établi après avoir examiné la concession faite par le chapitre en faveur des habitants.

« Le chapitre jouit provisoirement de la seigneurie du Saint-Esprit; il nomme le juge et le procureur juridictionnel. Ces deux officiers, pris dans l'ordre des avocats à Bayonne, exercent la police au Saint-Esprit. Deux commissaires, pris parmi les habitants, exercent, sous leurs ordres, la police instantanée, et leur rendent compte de tout ce qui se passe. Guidés par ces deux officiers, ils leur réfèrent tout ce qui surpasse leurs connaissances.

« Le chapitre, comme nous l'avons dit, jouit provisoirement de la seigneurie du Saint-Esprit. La propriété est en litige entre les chanoines et la ville de Bayonne, qui a le roy pour garant de ses droits. Le procès est pendant au conseil ; le roy, la ville et le chapitre, y sont en instance.

« Comment le chapitre a t-il pu se permettre, dans de semblables circonstances, d'agir comme propriétaire incommutable, d'anéantir une portion de la seigneurie sans le concours de ceux qui la réclament? A-t-il pu détériorer, diminuer des droits dont

il n'a qu'une jouissance provisoire? Et si la ville
de Bayonne obtient enfin du conseil un arrêt qui la
remette en possession de la seigneurie du Saint-
Esprit, faudra-t-il qu'elle supporte cette diminution
de ses droits, ou faudra-t-il éprouver un nouveau
procès?

« On peut encore dire que cette cession faite par
des gens de main-morte n'est revêtue d'aucune des
formalités nécessaires pour la rendre valide. Si le
chapitre est dans l'impossibilité de faire exercer la
police, et qu'il veuille abandonner ce droit, n'est-il
pas juste de réintégrer la ville dans son ancienne
jouissance, et de terminer ainsi un procès qui existe
depuis trop long-temps? Le chapitre cèdera des
droits qui lui sont à charge, et la ville procurera à
ses habitants et à ceux de son faubourg une police
active, éclairée, vigoureuse, au lieu que le parti
que le chapitre a pris laisse subsister un procès
considérable, en augmente les difficultés en multi-
pliant les parties et les incidents. Enfin ce parti pris
sans nécessité n'est d'aucune utilité pour les habitants de Saint-Esprit.

« Quels sont, en effet, les objets qui néces-
sitent la création d'un corps municipal à Saint-
Esprit?

« Est-ce l'entretien d'une fontaine et d'une auge,
dont les dépenses, assez minimes, sont en partie
fournies par la ville, partie par les juifs et partie
par les catholiques du Saint-Esprit? Il ne faut pas
un corps municipal pour ordonner des réparations.
Aussitôt qu'on s'aperçoit de quelque dérangement
dans les tuyaux, un syndic, un commissaire de poli-

ce, suffisent certainement pour donner ces ordres.
Depuis plus de 150 ans, les réparations de cette fontaine ont été faites par les soins du procureur juridictionnel : quel inconvénient y a-t-il à continuer
de même ?

« Les habitants du Saint-Esprit ont une pompe et
des pompiers; c'est encore un de leurs motifs
d'avoir un corps municipal.

« En vérité, des considérations de cette espèce
n'exigent guère une réponse sérieuse. Si, pour leur
sûreté, les habitants de chaque rue se cotisaient
pour avoir une pompe, faudrait-il un corps municipal dans chaque rue? Jamais l'existence d'une
pompe a-t-elle établi la nécessité d'un conseiller du
roy maire ?

« Dans presque toutes les villes les pompes sont
confiées aux soins des pompiers, pris dans la classe
des artisans. Un commissaire est choisi pour suveil-
ler l'entretien; un des deux commissaires de police
actuels, ou le syndic, peuvent très-aisément remplir
cette surveillance au Saint-Esprit.

« L'existence d'un corps-de-garde est encore
comptée par les habitants du Saint-Esprit comme
nécessitant la création d'un corps municipal.

« Ce corps-de-garde sert uniquement à loger le
piquet de troupes qui fournit les sentinelles toujours
postées près la fontaine. Ce corps-de-garde, bâti sous
la direction de MM. les officiers du corps royal du
génie, procure aux habitants du Saint-Esprit l'avantage de placer la garde dans un lieu d'où elle peut
veiller sur la majeure partie du faubourg, et se porter en un instant partout où sa présence peut être

nécessaire ; mais il est impossible d'apercevoir quel rapport il y a entre la création d'une municipalité et ce corps-de-garde.

« Enfin la réparation des pavés est un motif indiqué comme nécessitant une municipalité. Cependant l'adjudication des entreprises pour le pavé peut, sans aucun inconvénient, se faire par le juge, ou par le syndic, ou par un des commissaires. Pour l'avantage public il n'est pas nécessaire qu'un nombre de personnes adjuge le bail au rabais, mais qu'un nombre d'ouvriers recherche l'entreprise, et que leur concurrence établisse le prix au taux le plus bas. Le travail fini, on nomme des experts pour examiner l'ouvrage, et le choix d'un expert peut être fait par le syndic.

« Veiller à l'entretien d'une pompe, procéder à l'adjudication de quelques ouvrages à faire à une fontaine ou à des pavés, assurément ce ne sont pas des soins qui surpassent les forces d'un syndic ou d'un commissaire.

« La création d'un corps municipal procurera-t-elle une police supérieure à celle qui s'exerce au Saint-Esprit? Les habitants ont-ils lieu d'espérer, par cette création, d'être allégés dans leurs contributions? Le rédacteur de la délibération le suppose; il ne sera pas difficile de le détromper sur l'un et l'autre objet.

« Pour que la police soit exercée d'une manière avantageuse à la masse des habitants, il faut que les officiers municipaux puissent se concilier d'avance le respect du peuple Ce respect s'acquiert souvent par l'exercice d'un état au-dessus des autres

parce qu'on trouve généralement plus de connaissances dans les classes supérieures, une éducation
plus soignée. Ce respect se donne quelquefois à la
fortune, et dérive également de l'opinion de la su-
périorité des connaissances.

« Le choix fait, d'après ces principes, d'un nombre de sujets, serait encore inutile pour opérer le
bien sans les accessoires indispensables à la création
d'une municipalité. Il faut un hôtel commun, il faut
un secrétaire; il faut surtout un guet et des sous-
ordres, sans quoi la police est nécessairement dans
l'inertie.

« Voyons maintenant si le Saint-Esprit fournit les
sujets et les moyens nécessaires pour créer une
municipalité.

« La liste que les habitants ont présentée de leurs
notables qu'ils désirent voir occuper les charges
municipales, contient quarante-six noms. Plus de
trente-six sont des artisans, presque tous soumis journellement à la police de Bayonne, à un juré de leur
corporation ; deux autres, marchands du plus petit
détail, tiennent leurs boutiques dans les échoppes
du Réduit. Parmi les autres, l'un est octogénaire ;
un autre, capitaine de navire, est à chaque instant
exposé à faire des absences considérables. Enfin il
ne paraît pas possible de composer entièrement
une [seule fois le corps municipal de sujets au dessus des artisans.

« Si l'on veut faire un choix parmi les artisans,
on pourra y trouver des gens de probité, mais sans
consistance personnelle. Quelle serait la considération qu'on accorderait, au Saint-Esprit, à un conseil-

ler du roy maire et forgeron, tailleur, boucher ou cuisinier?

Il y a plus. L'artisan, assez généralement attaché aux corporations de la ville, est soumis à la police de ses jurés et de l'échevin commissaire ; comment règlerait-on les droits respectifs entre le patron et l'échevin ou maire du faubourg? Par exemple, si le maire du Saint-Esprit était un boulanger, et que le patron y demeurât, lequel des deux aurait, relativement à la boulangerie, inspection sur l'autre? Le patron a, par sa place, le droit d'aller examiner le poids et la quantité du pain débité par les boulangers : quel étrange spectacle pour le public si le patron, faisant sa visite dans la boutique du maire, trouvait son pain défectueux ; qu'il le citât devant l'échevin commissaire pour lui faire confisquer son pain, payer une amende et subir la peine de la prison? On n'a pas besoin de le dire : le peuple n'aurait que du mépris pour les ordres d'un homme ainsi mulcté, et le mal qui en résulterait est facile à prévoir.

« A ce défaut de considération il faut ajouter celui des moyens pour les dépenses nécessaires.

« Un corps municipal doit avoir une maison ou hôtel commun. Le Saint-Esprit n'en a pas ; il n'y a qu'une petite masure où l'on a réservé une très petite chambre pour l'administration de la justice. Mais cet appartement est si resserré, qu'il est impossible d'y être dix personnes à la fois.

« Il faudrait encore un guet, un secrétaire, et il n'y a pas de fonds pour ces objets. Qu'on propose à la communauté assemblée de fournir à ces dépens

12

par un surcroît d'impositions, nous ne doutons pas que la majeure partie des habitants ne refuse d'y contribuer : ils préféreront de vivre sous la police d'un juge et d'un procureur juridictionnel éclairés plutôt que d'être sous celle de leurs égaux.

« Mais, dira-t-on, si les octrois levés au Saint-Esprit étaient employés à ces objets, on pourrait obtenir le loyer d'une maison commune et un guet.

« Pour bien juger de l'impossibilité d'appliquer à l'administration de la police les octrois perçus au Saint-Esprit, il suffit de dire quel est leur emploi, leur montant, et les besoins des objets pour lesquels ils sont destinés.

« Par arrêt du conseil du 30 juin 1685, le roy, voulant donner à la ville de Bayonne le moyen d'entretenir les ponts, chaînes, digues et ports, permit de lever dans la ville de Bayonne et faubourg du Saint-Esprit, sur chaque barrique de vin étranger, 5 livres; sur ceux de la juridiction, 30 sols ; sur chaque cuir de vin d'Espagne, 10 livres.

« A peine cet arrêt fut connu, que les habitants du Saint-Esprit se pourvurent en conseil, y présentèrent leur requête. Il intervint arrêt le 15 juin 1686, qui, sur leur propre exposé, les condamna à payer ces octrois.

« Avant cette époque, en août 1655, Louis XIV avait déjà permis à la ville de lever vingt sols sur chaque barrique de vin venant par l'Adour, destinée pour la mer. Une partie est employée pour l'hôpital, le reste aux réparations de la ville.

« Une foule d'arrêts du conseil, postérieurs et

successifs, ont confirmé ce droit et cette destina-
tion.

« L'hôpital Saint-Léon, où les pauvres et les enfants trouvés de la ville de Bayonne et du faubourg
sont également reçus, les ponts, le port et digues,
tels sont les objets communs pour lesquels les octrois
sont employés.

« Le pont Saint-Esprit, dont l'utilité est récipro-
que, forme annuellement une dépense de plus de
6,000 livres.

« Le port et les digues sont portés dans les
états pour 1,500 livres : mais très-souvent les dépenses pour ces objets montent à plus de 1,000 écus.

« Les enfants trouvés coûtent à l'hôpital de
12 à 14,000 livres ; les malades, de 18 à 25,000
livres.

« Ces dépenses réunies s'élèvent, année commune, à 59,500 livres ; et comme elles intéressent toutes les classes des citoyens, la répartition entre la
ville et le Saint-Esprit doit être proportionnelle à
leur population respective.

« Suivant les mémoires des habitants du Saint-Esprit, l'état de la population dans le faubourg monte
en total à environ 5,000 âmes, dont les juifs forment
à peu près la moitié.

« La population de Bayonne est d'environ 11,000
personnes.

« Ainsi, dans la proportion des habitants, le Saint-
Esprit devrait entrer pour le tiers de la dépense
commune. Cependant, comme les juifs forment la
moitié de la population du Saint-Esprit, et n'envoyent pas leurs malades à l'hôpital, nous compte-

rons leur quote pour cette dépense particulière
au sixième. L'ensemble de leurs contributions doit
s'élever alors à 10,000 livres.

« Les octrois perçus au Saint-Esprit depuis
1777 jusqu'en 1784 ont produit ensemble 34,744
livres 15 sols, ce qui revient, année commune, à
4,342 livres 1 sol.

« Depuis la franchise du port de Bayonne, les années 1785 et 1786 ont produit ensemble 10,672 livres,
et donnent, année commune, 5,336 livres

« Ainsi la perception des octrois du Saint-Esprit
est à peu près la moitié de ce que sa quote dans les
établissements publics et communs devrait être.
Les habitants du Saint-Esprit jouissent, moyennant
5,000 livres, de différents avantages qu'on doit éva-
luer à 10,000 livres.

« Un hôpital pour les pauvres et les enfants trouvés, l'entretien d'un pont tel que celui du Saint-
Esprit, les ouvrages pour la conservation du port,
sont incontestablement des objets d'une importance
trop considérable pour qu'on les abandonne.

« Les frais d'une municipalité ne peuvent donc
être pris sur les octrois.

« Les habitants, régis par une police plus utile dans
l'état actuel qu'elle ne le serait entre les mains
de leurs égaux, ne voudront point certainement
contribuer aux frais d'un établissement sans utilité
pour eux.

« Ces considérations font espérer à la ville de
Bayonne que S. M. daignera laisser l'administration
de la police du Saint-Esprit dans son état ancien ;
et, dans le cas où le chapitre voulût abandonner

cette partie de sa juridiction, ordonner que la ville sera réintégrée dans la possession d'exercer la police au Saint-Esprit : par ce moyen on fera cesser un procès considérable et nuisible au bien public ; et la police de la ville et du faubourg étant dans la même main, deviendra plus avantageuse pour tous les habitants, puisque les soins des échevins pour le bon ordre seront uniformes à Bayonne et au Saint-Esprit.

« Délibéré à Bayonne le vingt-huit du mois de septembre mil sept cent quatre-vingt-sept. »

FIN

www.ingramcontent.com/pod-product-compliance
Lightning Source LLC
Chambersburg PA
CBHW072043090426
42733CB00032B/2139